# 五子棋
# 入门与提高

爱林博悦 编著

人民邮电出版社
北京

**图书在版编目（CIP）数据**

五子棋入门与提高 / 爱林博悦编著. -- 北京 ： 人民邮电出版社，2025. -- ISBN 978-7-115-64876-1

Ⅰ．G891.9

中国国家版本馆 CIP 数据核字第 20244RD486 号

## 免 责 声 明

## 内 容 提 要

玩五子棋不仅能锻炼思维，提升策略意识和规划能力，还能增进人际交往，享受对弈乐趣。本书分为 4 章，介绍了可以帮助读者系统学习五子棋的丰富内容。从基础知识到棋形运用，再到进攻防守策略及开局、布局分析，本书内容全面，语言简明易懂，无论你是初学者还是爱好者，本书都能助你一臂之力，让你轻松掌握五子棋的精髓，成为棋局中的佼佼者。

◆ 编　　著　爱林博悦
　　责任编辑　林振英
　　责任印制　彭志环
◆ 人民邮电出版社出版发行　　北京市丰台区成寿寺路 11 号
　　邮编　100164　　电子邮件　315@ptpress.com.cn
　　网址　https://www.ptpress.com.cn
　　涿州市般润文化传播有限公司印刷
◆ 开本：880×1230　1/32
　　印张：5.75　　　　　　　　　2025 年 3 月第 1 版
　　字数：160 千字　　　　　　　2025 年 11 月河北第 6 次印刷

定价：29.80 元

读者服务热线：**(010)81055296**　印装质量热线：**(010)81055316**
反盗版热线：**(010)81055315**

# 目 录

## 第一章　五子棋基础知识

# 第二章 五子棋的基本棋形

## 第三章 五子棋的进攻与防守

# 第四章 五子棋的开局与布局分析

# 第一章　五子棋基础知识

本章主要介绍五子棋的基础知识，如五子棋的历史与发展、棋盘和棋子、五子棋的常用术语、五子的行棋规则等，通过本章的学习，大家可以对五子棋有一个基本的了解。

# 1.1 五子棋的起源与现状

## 1.1.1 五子棋的起源

五子棋源于中国古代的围棋，最初作为围棋的简化版存在。大约在南北朝时期，围棋已经发展到了一个很高的水平，并在社会上广泛流行。在这个时期，围棋的规则和策略被深入研究和探讨，与此同时，一些围棋的简化版本也开始在民间出现。这种简化版本就是五子棋的前身。最初，这种简化版本的围棋被称作"联五子"或"五子联"，后来逐渐演变为我们今天所熟知的五子棋。

尽管五子棋的规则简单，但策略性强，需要高超的技巧和深度的思考。这使得五子棋不仅具有娱乐性，更是一种锻炼智力和策略思考的好方法。无论您是想要寻找一种轻松的休闲方式，还是希望通过游戏来提高自己的策略思考能力，五子棋都是一个非常好的选择。

## 1.1.2 五子棋的现状

近年来，五子棋得到了广泛的普及和发展，成为一种深受大众喜爱的智力游戏。根据相关统计数据，全球五子棋玩家数量已经超过了1亿。不仅如此，五子棋比赛和活动也越来越多，吸引了大量选手和观众。例如，每年在全球范围内举办的五子棋比赛和活动数以千计，其中不乏由大量专业选手参加的高水平赛事。

五子棋在互联网和移动设备端也取得了巨大的发展。如今，各种五子棋游戏应用程序不断涌现，为全球玩家提供了更加便捷和使用体验更好的竞技平台。这些应用程序不仅提供了不同难度的 AI 对手，还可以联机对战，让玩家们在世界各地展开激烈的对决。

随着科技的不断进步和市场需求的持续增长，五子棋具有广阔的发展空间和巨大的应用潜力。例如，虚拟现实（VR）和增强现实（AR）

技术的兴起，将为五子棋带来全新的发展方向。这些技术可以为用户提供更加沉浸式的游戏体验，吸引更多玩家参与其中。

目前，AI 已经在五子棋游戏中得到应用，并且取得了显著的效果。未来，进一步提高 AI 的智能水平和算法优化可以实现更加精准的玩家匹配、智能化对手、实时对弈等功能，从而提升用户体验和竞技水平。

# 1.2 五子棋的棋具

## 1.2.1　棋盘

五子棋的棋盘成正方形，由 15 条横线和 15 条竖线交叉组成。每条横线和竖线的交点被称为交叉点，共有 225 个交叉点。棋盘可以用木材、硬纸、布料、塑料、石料或环保材料等制成。

在棋盘的交叉点，有 5 个实心的小圆点，其中正中的点为"天元"，另外 4 个点称为"小星"。

棋盘上的横线从用阿拉伯数字 1-15 标记；竖线用英文母 A-O 标记。每个交叉点由对应的英文字母和数字组合命名。例如，"天元"标记为 H8，4 个"小星"分别标记为 D4、L4、D12、L12。如下页图所示。

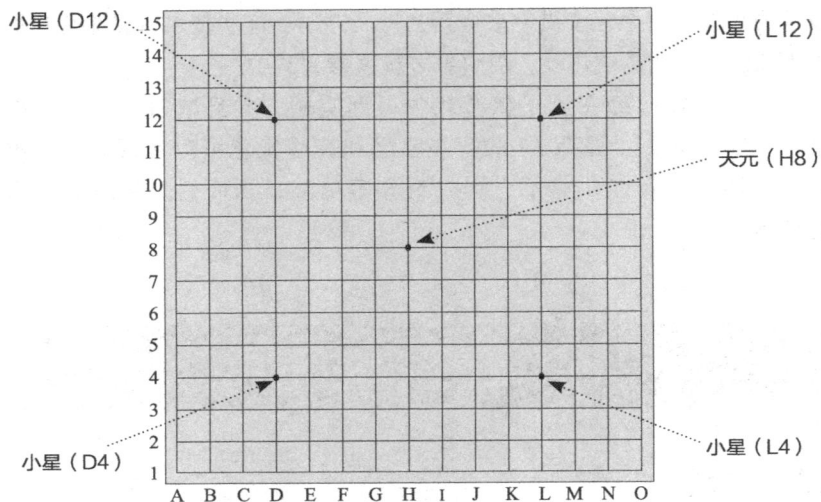

五子棋棋盘

## 1.2.2 棋子

五子棋的棋子分为黑色和白色两种，一般为扁圆形，有一面是平面一面是凸起，下棋时棋子的凸面朝上平面朝下。每一副五子棋的棋子总数为 225 枚，其中黑棋子 113 枚，白棋子 112 枚。

黑棋棋子比白棋多 1 枚，是因为五子棋规则规定黑棋必须先行。

五子棋棋子按材质可分为天然材质和人造材料两种，常见的有玻璃、陶瓷、塑料、树脂、水晶、玛瑙、石材等。我们在选择五子棋棋子时，要根据个人爱好选择。五子棋棋子形状如下图所示。

黑棋棋子

白棋棋子

## 1.2.3　谱纸

在五子棋比赛中，使用谱纸记录对局信息是一种常见的做法。它可以帮助参赛选手和裁判快速识别和记录对局过程，确保比赛的公正性和准确性。同时，谱纸还可以用于记录和分析对局策略和技巧，为五子棋爱好者提供学习和交流的平台。常见五子棋谱纸如下图所示。

**五子棋比赛记谱纸**

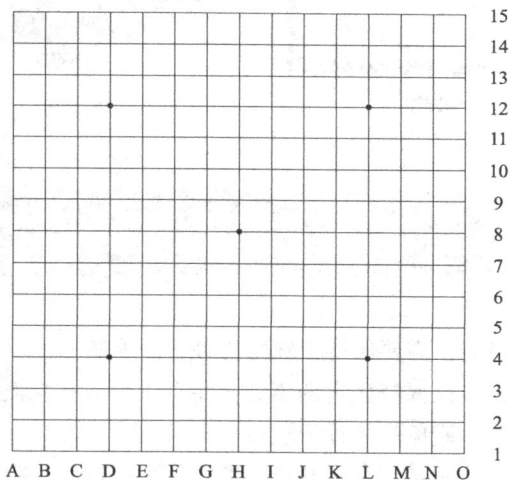

比赛名称：＿＿＿＿＿＿＿＿＿＿＿＿＿＿＿＿＿＿＿＿＿

比赛轮次：＿＿＿＿＿＿＿　　比赛日期：＿＿＿＿＿＿＿

黑方：＿＿＿＿＿＿＿＿＿　　用时：＿＿＿＿＿＿＿

白方：＿＿＿＿＿＿＿＿＿　　用时：＿＿＿＿＿＿＿

开局名称：＿＿＿＿＿＿＿　　是否交换：＿＿＿＿＿＿

5A 打点：＿＿＿＿＿＿＿　　Pass 手数：＿＿＿＿＿＿

比赛结果：＿＿＿＿＿＿＿　　记谱人：＿＿＿＿＿＿＿

**五子棋谱纸**

### 1.2.4 棋钟

棋钟应是具有两个钟面的专用计时钟，能够用数字准确地显示时间以及分别准确地累计对局双方的行棋时间。棋钟要求避免刺眼，运行时声响应很低弱。常用的棋钟有机械钟和电子钟，如下图所示。

机械钟      电子钟

## 1.3 下五子棋的正确姿势

我们在下棋时，需要保持正确的姿势，要求如下：

坐姿端正：应该保持坐直的姿势，将双手平放在桌面上，脊椎和颈部保持自然状态，避免身体过于倾斜。

执子姿势：行棋是用食指和中指的指尖夹住棋子，将棋子轻轻地放在棋盘的交叉点上，一旦落子，就不能再移动棋子的位置，或拿起来重新下到其他交叉点。执子姿势如下图所示。

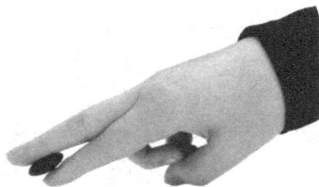

执子的正确姿势

# 1.4 五子棋的常用术语

## ● 一着

在对局过程中，行棋方把棋子落在棋盘无子的交叉点上，不论落子的手是否脱离棋子，均被称为一着。在确定是否走满规定时限内的规定着数时，棋手最后一着棋，必须在行棋完毕又按了钟后才能视作完成。以下几种情况也视同一着。

（1）如棋手使用三手交换中交换的权利则视同一着；

（2）在"五手N打"中，黑棋落的N个棋子被视作同一着（N表示数量，N≥1）；

（3）棋手行使Pass权视同一着。

## ● 阳线和阴线

阳线是指棋盘上可见的横竖交叉的直线。

阴线是指棋盘上无实线连接的A1～O15和A15～O1两条隐形斜线，以及与这两条斜线平行的、由交叉点连接形成的其他隐形斜线。阴线示例图如下图所示。

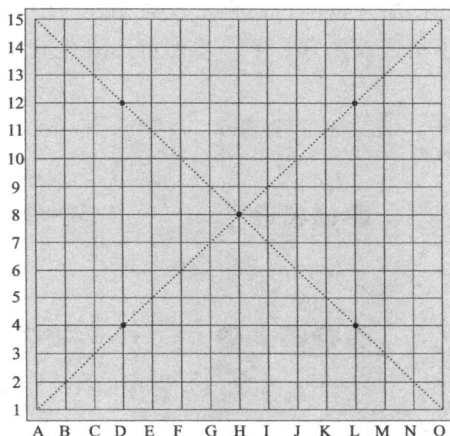

阴线示例图

## ● 活四

活四是指有两个点可以成五的四，即阳线或阴线上 4 枚同色棋子相连，在 4 枚棋子两端至少有一个相连的无子交叉点。当形成活四后，对方无法阻挡连五的形成。活四的示例图如下图所示。

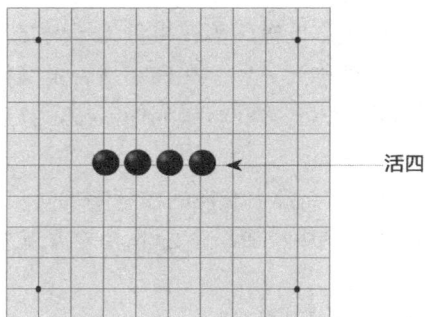

活四示例图

## ● 冲四

冲四是指只有一个点可以成五的四。冲四有两种情况，分别是连冲四和跳冲四。

连冲四是指阳线或阴线上 4 枚同色棋子相连，如果对方不防守，下一步就可以形成连五。

跳冲四是指冲四后 4 枚同色的棋子没有相连，中间有一个无子的交叉点，如果对方不再该点防守，下一步即可形成连五。冲四的示例图如下图所示。

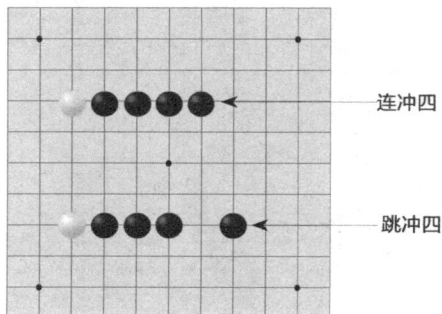

冲四示例图

## 四四

四四是指落下 1 枚棋子后，同时形成 2 个四，这 2 个四既可以是活四，也可以是冲四。形成四四后，对方将无法阻挡连五的形成。四四的示例图如下图所示。

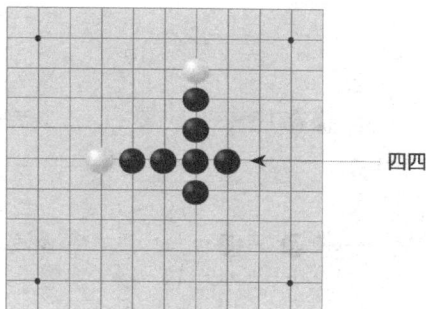

四四示例图

## 四三

四三是指落一下 1 枚棋子后，同时形成 1 个活三和 1 个冲四。形成四三后，对方将无法阻挡连五的形成。四三的示例图如下图所示。

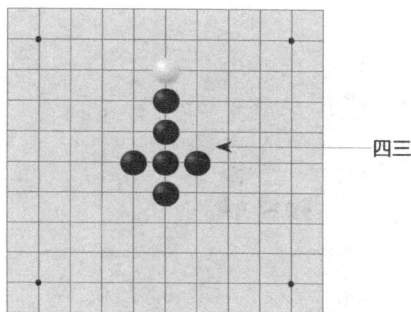

四三示例图

## ● 活三

活三是指再走一着可以形成活四的三，即在棋盘阳线或阴线上有 3 枚同色棋子，再下 1 枚同色棋子就形成活四。当 3 枚棋子相连时，称为连活三，当 3 枚棋子之间有一个无子的交叉点时，称为跳活三。活三的示例图如下图所示。

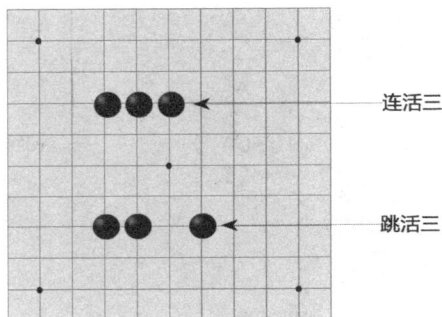

活三示例图

## ● 三三

三三是指落下 1 枚棋子后，同时形成 2 个活三。形成三三后，对方只能通过冲四阻止下一步形成活四。如果对方无法通过冲四形成四三，将无法阻挡活四的形成。三三的示例图如下图所示。

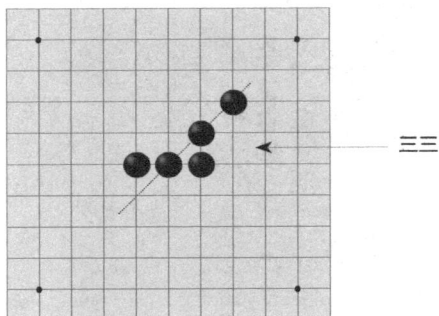

三三示例图

## ● 眠三

眠三是指再走一着可以形成冲四，即在阳线或阴线上有 3 枚同色棋子，再下 1 枚同色棋子即可形成冲四。当 3 枚棋子相连时，称为连眠三，当 3 枚棋子之间有一个无子的交叉点时，称为跳眠三。眠三的示例图如下图所示。

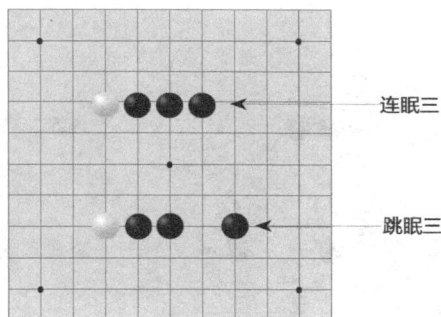

眠三示例图

## ● 活二

活二是指落一下 1 枚棋子后即可形成活三，即在棋盘阳线或阴线上有 2 枚同色棋子，再下 1 枚同色棋子就形成活三。当 2 枚棋子相连时，形成的活二是连活二，当 2 枚棋子之间有 1 个或 2 个无子的交叉点时，形成的活二是跳活二。活二的示例图如下图所示。

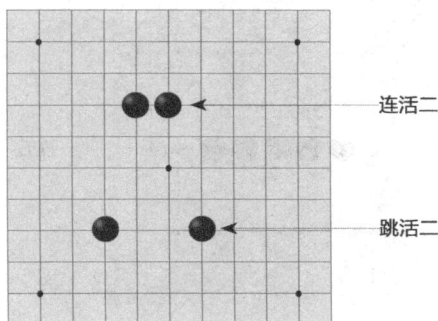

活二示例图

**011**

## ● 眠二

眠二是指落一下 1 枚棋子后即可形成眠三，即在阳线或阴线上有 2 枚同色棋子，再下 1 枚同色棋子就形成眠三。当 2 枚棋子相连时，称为连眠二，当 2 枚棋子之间有 1–3 个无子的交叉点时，称为跳眠二。眠二的示例图如下图所示。

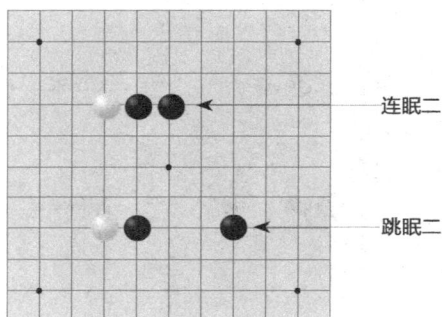

眠二示例图

## ● 连五

连五是指在棋盘的阳线和阴线的任意一条线上，形成的 5 个同色棋子不间隔的相连。连五的示例图如下图所示。

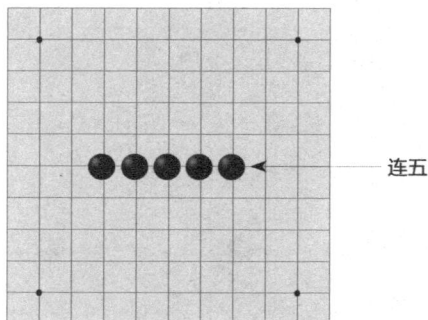

连五示例图

## ◎ 长连

长连是指在棋盘上的阳线和阴线的任意一条线上，形成的 5 个以上同色棋子不间隔的相连。长连的示例图如下图所示。

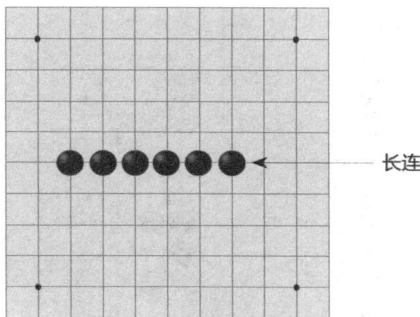

长连示例图

## ◎ 禁手

禁手是指对局中禁止使用的或被判负的行棋手段。只有黑棋一方有禁手，有三三禁手、四四禁手、长连禁手和混合禁手等。其中，混合禁手是指四三三或四四三等。禁手的规则主要有以下几点。

（1）禁手的种类包括三三、四四和长连，黑棋一方只能以四三获胜。

（2）禁手只对黑棋有效，对白棋无效。所以白棋不但可以通过三三、四四、四三、长连获胜，还可以利用禁手规则，迫使黑棋下在被限制的禁手点胜获。

（3）当黑棋一方出现禁手，白棋一方须指出禁手点。当白棋方指出禁手点后，白棋方获胜。如果白棋一方没有指出，禁手原则不再成立（长连禁手除外）。

（4）当黑棋一方出现长连禁手，如果白棋一方没有及时指出禁手点，只要在对局的过程中发现了黑棋方的长连，指出后即可获胜。

（5）当黑棋一方落子可以形成连五时，即使有禁手的情况出现，禁手判定原则也将失效，黑棋获胜。

## ● 三三禁手

三三禁手是指黑棋落下 1 枚棋子后，将同时形成 2 个或 2 个以上的活三，子必须为两个活三共同的构成子。例如，下图中如果黑棋落子在 A 点，将在阳线和阴线上同时形成 2 个活三，所以 A 点为禁手点，黑棋不能在 A 点落子。

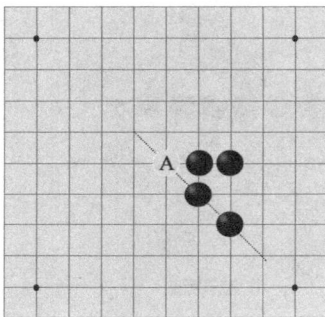

三三禁手示例图

当黑棋在 A 点落下 1 枚棋子后，形成一个活三和 1 个假活三，落子点（A 点）不属于禁手点。因为只要在活三两边的交叉点上下 1 枚白棋，黑棋将无法形成活四。示例图如下图所示。

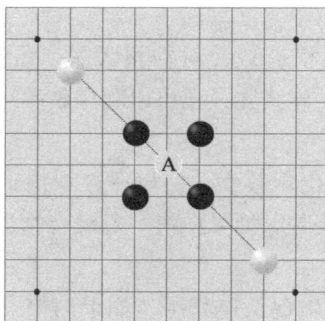

非三三禁手示例图

## ● 四四禁手

四四禁手是指黑棋落下 1 枚棋子后，将同时形成 2 个四，这 2 个四可以是活四，也可以是冲四。例如，下图中如果黑棋落子在 A 点，将在阳线和阴线上同时形成 2 个四，阴线上是活四，阳线上是冲四，所以 A 点为禁手点。

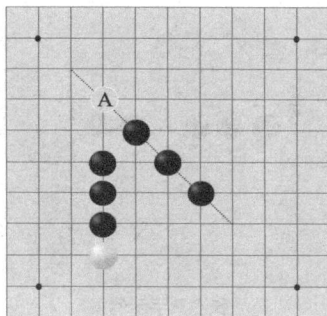

四四禁手示例图

四四禁手有一种特殊的扁担形情况，即黑棋落一下 1 枚棋子后，形成的 2 个四在同一条线上，这 2 个四将共用部分棋子。例如，下图中如果黑棋落子在 A 点，黑棋 1-2-A-3 组成其中的 1 个活四，黑棋 2-A-3-4 将组成另外 1 个活四，所以 A 点是禁手点。

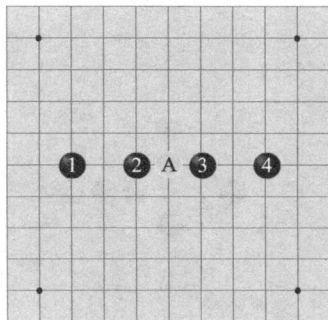

扁担形禁手示例图

## ● 长连禁手

长连禁手是指黑棋落一下 1 枚棋子后，在同一条线上将由 6 枚或 6 枚以上的黑棋。例如，下图中如果黑棋落子在 A 点，将在阳线形成 6 枚相连的黑棋，所以 A 点是禁手点。

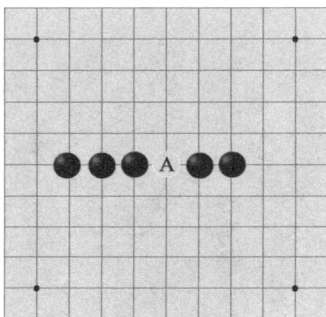

长连禁手示例图

在四四禁手中规定，黑棋落下 1 枚棋子后，将同时形成 2 个四，如果其中一个四下一步形成的不是连五，而是长连，则该点不是禁手点。

例如，下图中如果黑棋落子在 A 点，横线上的四一边被白棋阻挡，另一边相隔 1 个交叉点上有 1 枚黑棋。黑棋不能在 B 点落子，因为 B 点是黑棋的长连禁手点，黑棋在 A 点落实后形成的并不是 2 个活四。所以 A 点不是禁手点。

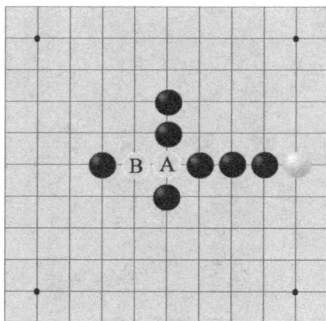

非四四禁手示例图

## 三手可交换

三手可交换是指在采用指定开局的对局中，在黑3之后，白棋方可以选择是否交换。如果白棋方选择交换，黑棋方必须交换。交换后原来的执黑棋的先手方变成了执白棋的后手方，原来执白棋的后手方变成执黑棋的先手方。每盘棋只有一次选择机会。开局时三手棋形示例图如右图所示。

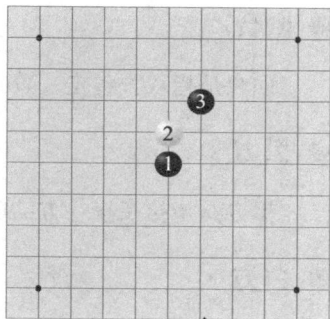

开局三手棋形示例图

## 五手N打

五手N打是指黑方在指定开局的同时，要给出本局盘面黑5时所需的打点数量，此后无论对局者谁执黑棋，都需要在落第五手时按照要求的打点数量在盘面上的空白交叉点上放置相应数量且位置不同的黑子，白方只能在这些黑子中留下一个黑子作为黑5。

例如：五手两打即当执白棋的一方下了第4手后，执黑棋一方在下第5手时要同时下2枚黑棋，然后由执白棋一方将其中1枚黑棋拿掉。拿掉1枚黑棋后，再轮流落子。

下图中执黑棋一方第5手同时下了黑棋A和黑棋B，白棋一方需要根据棋形判断，将不利于自己的1枚棋子拿掉后再落子。

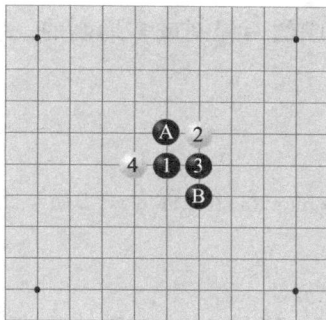

五手两打示例图

## ● 回合

回合是指双方各走一着，称为一个回合。

## ● 黑方

黑方是指执黑棋一方的简称。

## ● 白方

白方是指执白棋一方的简称。

## ● 节

一个比较集中的比赛单位时间称一"节"（如一个上午、一个下午或一个晚上）。

## ● 轮

参赛的各队（团体赛）或各名棋手（个人赛）普遍出场比赛一次（个别轮空者除外）称一"轮"。

## ● 次

团体赛中的同一轮两队之间完成的比赛称为一"次"比赛。

## ● 场

两名棋手之间完成的两局制或多局制的一次比赛称为一"场"比赛。

## ● 局

两名棋手之间完成的一盘比赛称为一"局"比赛。

## ● 终局

终局是指对局结束。其中有一方获胜的对局称为胜局，分不出胜负的对局称为和局。

● **复盘**

复盘是指对局双方针对本盘对局全过程的再现。

● **指定开局**

指定开局是指黑方决定了前三个棋子落于何处，其中包括两个黑子和一个白子，一般由黑方完成。黑方应同时给出第五手需要的打点数量。

● **自由开局**

自由开局是对局开始后，由双方轮流行棋决定的开局。

● **Pass( 放弃行棋权 )**

Pass（放弃行棋权）是指棋手放弃行棋的权利。

● **轮走方**

轮走方是指当前应该行棋的一方。

● **非轮走方**

非轮走方是指当前不该行棋的一方。

● **先手**

先手是指对方必须要应的着法。在对局过程中，保持先手可使局势处于主动地位，对方需要防守。当同时出现两个先手时，对方将无法防守。

● **绝对先手**

绝对先手是相对先手而言，这里特指连冲四和跳冲四。

● **先手方**

先手方是指执黑棋的一方。

## ● 后手方

后手方是指执白棋的一方。

## ● 追下取胜

追下取胜是指白棋利用禁手取胜的方法。

## ● 自由取胜

自由取胜是指白棋利用禁手取胜之外的其他取胜方法。

## ● 一子双杀

一子双杀是指 1 枚棋子落下后同时形成两种取胜方法，对方无法同时防守的取胜技巧。

## ● 做棋

做棋是为后面先手打下基础的一着棋。

## ● 做杀

做杀是指使下一步构成杀棋的一着棋。常见的有做四三杀、VCF和一子双杀等。

## ● VCF

VCF（Victory of Continuous Four）即利用连续不断冲四直到最终成连五而获胜。

## ● VCT

VCT（Victory of Continuous Three）对于黑棋一方，是指利用连续不断地活三，直到最终通过四三取得胜利。对于白一方，是指利用连续不断地活三，直到最后通过双三、双四、四三、长连或逼迫黑方禁手而取胜。

# 1.5　五子棋的行棋规则

## 1.5.1　五子棋的开局规则

五子棋的开局包括指定开局、自由开局两种。

### （1）指定开局

指定开局由黑方决定前 3 个棋子落于何处，其中包括 2 个黑子和 1 个白子。同时，黑方应给出第五手需要的打点数量。开局时，黑方第一子黑 1 应落在天元处。

开局通常有"斜指打法"和"直指打法"两种。当黑棋落在天元位置，白棋落在天元的斜侧位置为斜指打法。斜指打法如下图所示。

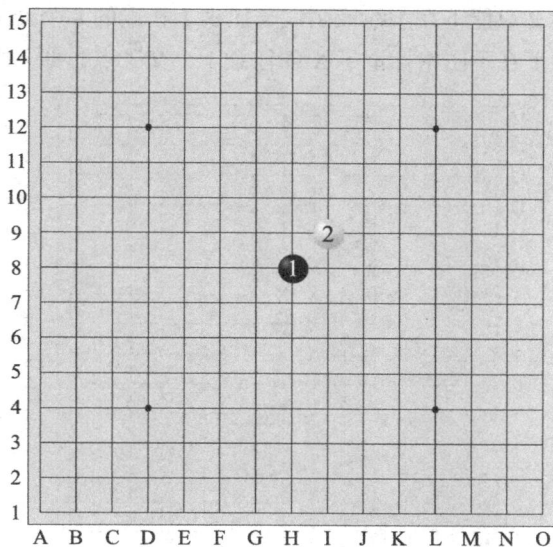

斜指打法示例图

当白棋落在天元的旁边为直指打法。直指打法如下图所示。

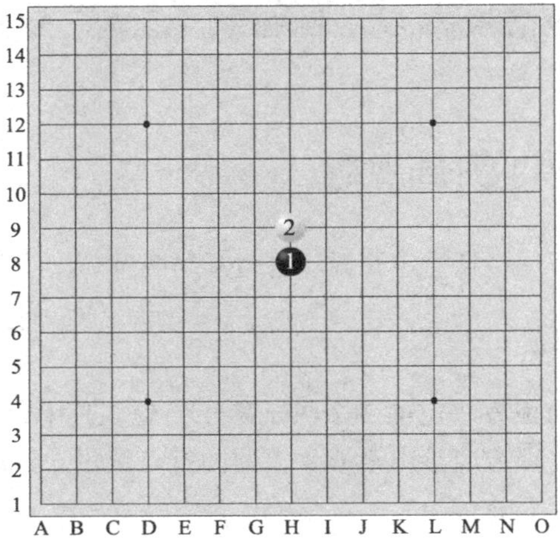

直指打法示例图

无论是斜指打法还是直指打法，第 2 手白棋必须下在以天元为中心的四周，白棋 2 只能下在阳线或阴线与黑棋 1 相连的 8 个交叉点中的一个点，即只能下在下图中标记了 X 的任意 1 个交叉点，如下图所示。

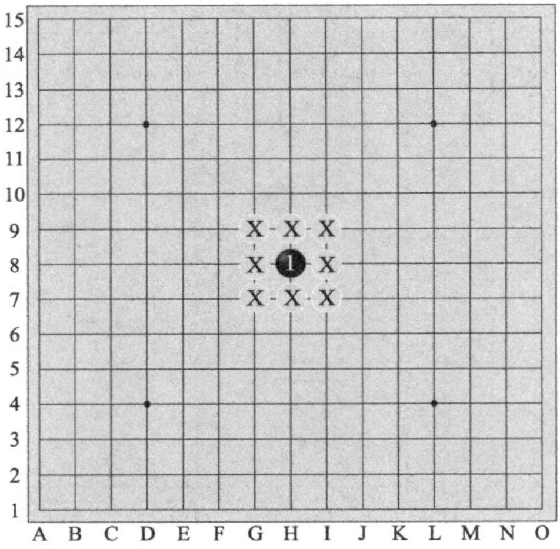

黑棋 1 和白棋 2 可落子区域

　　无论是斜指打法还是直指打法，第三手即黑方的第二子（黑 3），应落在围绕天元点 5 线 ×5 线而形成的以天元为正中、由交叉点组成的区域内。

　　例如，下图中白棋 2 下在 I9 点，第三手白棋只能在标记了 X 的任意 1 个交叉点上。

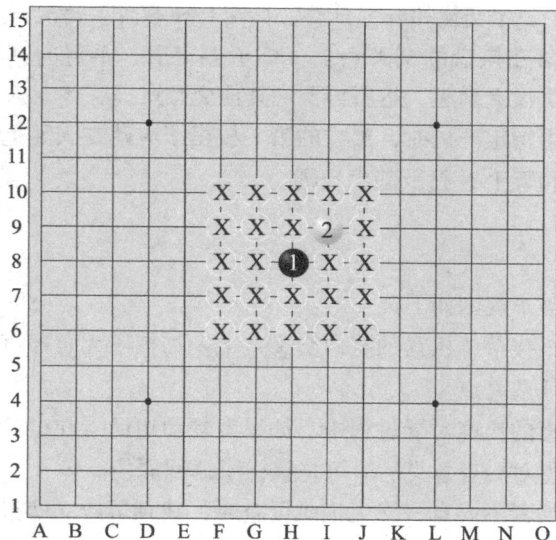

黑棋 3 可落子区域

## （2）自由开局

　　由双方轮流行棋共同决定开局前 3 个棋子落于何处，即黑方落第一子、白方落第二子，黑方落第三子。

　　采用自由开局时，一般双方的对局数为偶数，或采用其他附加条款对黑方的先行优势进行限制，而不采用指定开局中的三手交换和五手 N 打，也可不执行禁手规则。

## 1.5.2 五子棋的行棋规则

### （1）下法

五子棋的下法规则如下：

①对局双方各执一色棋子，黑棋先下、白棋后下，然后交替落子，除指定开局、三手交换和五手 N 打、行使 Pass 权外，每次只能下一子。

②棋子落在棋盘的交叉点上，棋子下定后，不得向其他交叉点移动，不得从棋盘上拿起，然后再下到其他交叉点。

③在采用指定开局时，黑方的第一枚棋子应落在天元上；同时应执行三手交换和五手 N 打及禁手规则。

### （2）落子

五子棋落子规则如下：

棋子应直接落于棋盘的空白交叉点上。如棋子无意掉落在棋盘上，允许捡起后任选着点。

在五子棋的比赛对局过程中，如果发现前边已下在棋盘上的棋子有移动，在征得对局者意见后，可将该棋子挪回原位。

如果对局者不同意，又无记录可查时，裁判员应立即报请裁判长处理，裁判长可根据移动之子对棋局进程的影响程度，按照以下几种情况判定：

①将移动的棋子挪回原位。

②和棋。

③重下。

如果是故意移子，应判移子者为负；如果是因外界意外事故导致棋局散乱，应经双方复盘确认后继续比赛；如已无法复盘，可判和棋或重下；如果是因对局者导致棋局散乱，可按照下面的情况进行判断。

①如果是对局者无意导致棋局散乱，可复盘续赛，但判导致散乱者一次违例；如无法复盘，则判导致散乱者为负。

②如果是对局者故意导致棋局散乱，判导致散乱者棋局为负。

## 1.5.3　先后手的确定

### （1）确定先后手的方法

在五子棋比赛时，可由大会抽编或对局前猜先。

①如果是一局制比赛，只有两名棋手对赛时，通过猜先方法确定先后手。

②如果是两局制或两局以上制比赛，均采用分先方法确定先后手。先按一局制先后手确定方法，确定第一局的先手，以后各局则互换先后手。

③如果是团体赛，则先手方队的奇数台为先手方，后手方队的偶数台为先手方。

### （2）猜先方法

猜先通常有以下两种方法。

第一种方法：开局前双方各握黑白棋子若干于手中，如果合计数为奇数，则握黑棋子一方先行；如果合计数为偶数，则双方变换黑白棋。

第二种方法：由裁判员使用挑边器进行猜先，猜中者有以下 3 种选择权利。

①使用黑棋。

②使用白棋。

③要求对方先行选择。

### （3）不合规则的着法和纠正

①如果棋手有下列不合规则的行为之一时，对手有权决定是否要求其纠正自己不合规则的行为并接受处罚，接受其犯规行为。

A. 在指定开局比赛中，如果第一子未落在天元，则判此子应落在天元处。

B. 在指定开局比赛中，如果未按规定的 26 种开局行棋，则判重新开局。

C. 在指定开局中，如果未给出要求的五手 N 打打点数，则判必须给出需要的打点数。

D. 如果一方连续走两步棋，则判收回第二子。

E. 如果在棋盘上推动棋子滑行，应判棋子放回接触棋盘的第一个交叉点。

F. 如果轮走方已经把棋子放落在棋盘上某一个无子交叉点上，又拿起后另移到别的交叉点上，应判放回第一个无子交叉点。

G. 轮走方走棋时，如果棋子无意掉落在棋盘上，应判收回掉落子，另选落点。

H. 先按钟后落子，或者未用落子手按钟。

I. 不按提和的规定提和。

J. 不按规定扶正棋子。

②如果一方在对手犯规或拒绝按照行棋规则走棋后，继续走了一步棋，而没有立即告知裁判，被视已接受对方的行为，将失去要求对手纠正违规着法，并接受处罚的机会。

# 1.6 那氏五子兵法

那氏五子兵法是那威先生通过多年潜心研究五子棋而总结的一种下棋方法，是对五子棋的下棋要点以及对局时的经验进行的提炼。那氏兵法如下。

先手要攻，后手要守，以攻为守，以守待攻。

攻守转换，慎思变化，先行争夺，地破天惊。

守取外势，攻聚内力，八卦易守，成角易攻。

阻断分隔，稳如泰山，不思争先，胜如登天。

初盘争二，终局抢三，留三不冲，变化万千。

多个先手，细算次先，五子要点，次序在前。

斜线为阴，直线为阳，阴阳结合，防不胜防。

连三连四，易见为明，跳三跳四，难防深藏。

己落一子，敌增一兵，攻其要点，守其必争。

势已形成，败即降临，五子精华，一子输赢。

# 第二章 五子棋的基本棋形

本章主要介绍五子棋的基本棋形，主要有连五、活四、冲四、四四、四三、活三、双活三、眠三、活二、眠二等棋形。我们只有熟悉这些基本棋形，才能在对局中灵活运用，并更加有针对性地进攻和防守。

# 2.1 连 五

五连是指同一色的 5 枚棋子在棋盘的阳线或阴线上相连。我们在对局时，双方谁先形成五连，谁就获胜。阳线和阴线上的连五示例图如下图所示。

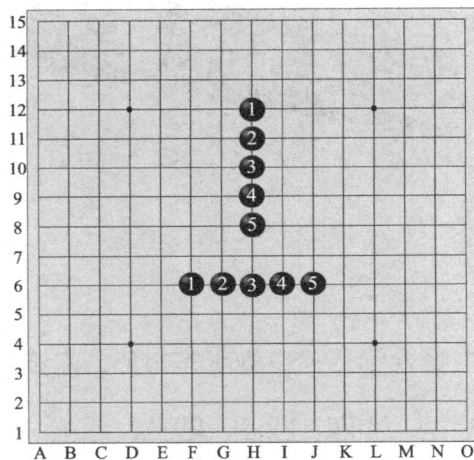

阳线上的五连示例图

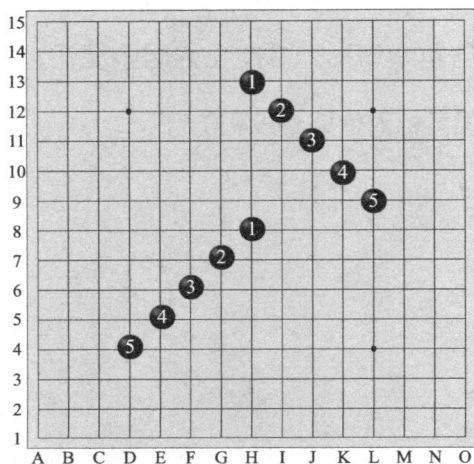

阴线上的五连示例图

# 2.2 活 四

　　活四是指同色的 4 枚棋子在棋盘的阳或阴线上相连，并且在 4 枚棋子两边相邻的交叉点上都没有棋子。当出现活四棋形后，对方无论在哪一边落子阻拦，我们都可以在另一边下 1 枚棋子形成五连。

　　例如，下图中阳线上有 4 枚相连的黑棋，在这 4 枚棋子两边相邻的交叉点 A 点和 B 点都没有棋子，无论白棋方在 A 点阻拦，还是在 B 点阻拦，黑棋方只需要在另一点下一枚棋子，即可形成连五获胜。

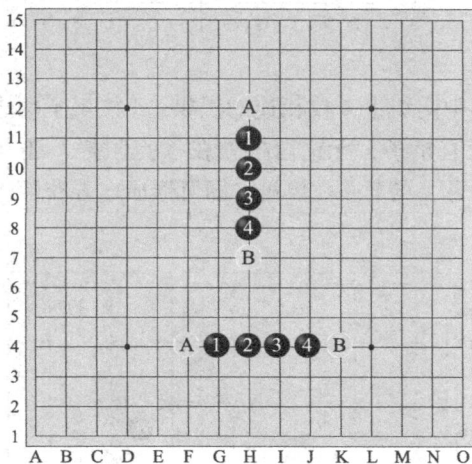

阳线上的活四

　　下页图中，虽然在 4 枚相连的黑棋两边有白棋，但白棋与黑棋之间有一个空的交叉 A 点和 B 点。无论白棋方在 A 点阻拦，还是在 B 点阻拦，黑棋方只需要在另一点下一枚棋子，同样可形成连五，白棋无法阻挡黑棋获胜。

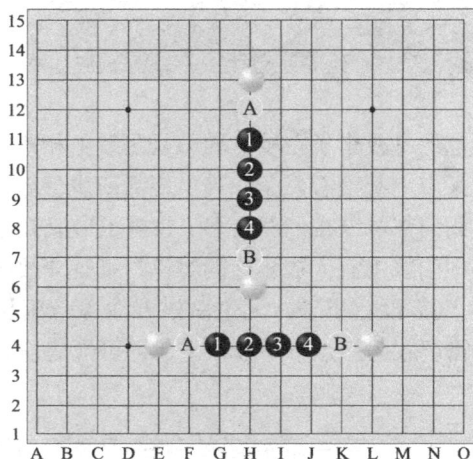

同理，下图中阴线上 4 枚相连的黑棋，4 枚棋子两边相邻的交叉点 A 点和 B 点都没有棋子，无论白棋方在 A 点阻拦，还是在 B 点阻拦，黑棋方只需要在另一点下一枚黑棋，即可形成连五获胜。

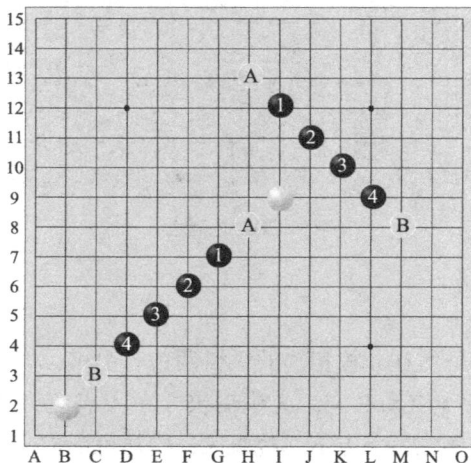

阴线上的活四

# 2.3 冲　四

冲四有两种情况，一种是连冲四，另一种是跳冲四。跳冲四又称为"嵌五"。无论是哪种冲四，它们都只有 1 个点可以形成连五。所以，只要对方在可形成连五的点落子进行阻挡，就将无法形成连五，从而无法获胜。

冲四与活四的主要区别是：活四可以在任意一边落子形成连五，无论对方在哪一边落子，都无法阻挡连五的形成；冲四只有一个点可以形成连五，如果对方在可形成连五的点上落子，就能成功阻挡连五的形成。

## 2.3.1　连冲四

如果同一色相连的 4 枚棋子有一边被对方的棋子挡住，只能在另一边形成连五时，这种棋形就是连冲四。形成冲四棋形后，对方只需要在可以形成连五的点下 1 枚棋子，即可阻挡形成连五。

例如，下图中阳线上有 4 枚相连的黑棋，棋子的一边有 1 枚相连的白棋，另一边相邻的交叉点 A 点没有棋子。只要白棋方在 A 点下 1 枚白棋，就可以成功阻挡黑棋形成连五。

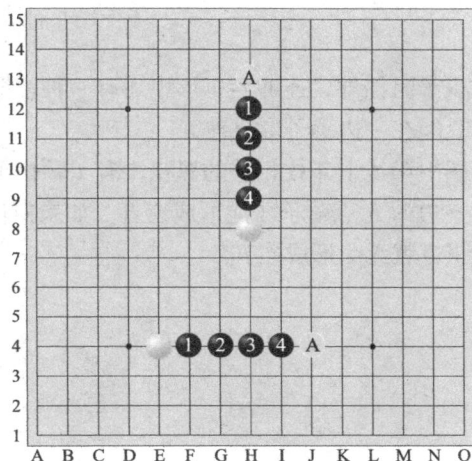

阳线上的连冲四

同理，下图中阴线上 4 枚相连的黑棋，其中一边已经有 1 枚白棋，另一边相邻的交叉点 A 点没有棋子，黑棋方只要在 A 点下 1 枚棋子，就能形成连五。如果白棋方在 A 点下 1 枚白棋阻挡，黑棋将无法形成连五。

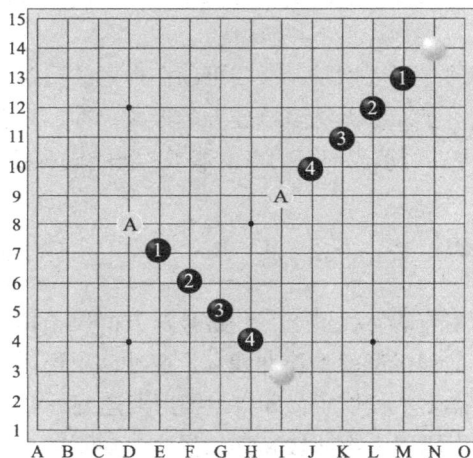

阴线上的连冲四

除了被对方棋子阻挡外，连冲四棋形中还有一种情况，是因为受棋盘边缘的限制，只能在一边落子形成连五。

例如，下页图中阳线上 4 枚相连的黑棋，有 1 颗棋子位于棋盘的边线上，只能在另一边的 A 点落子才能形成连五。如果白棋方在 A 点下 1 枚棋子阻拦，黑棋方就无法形成连五。

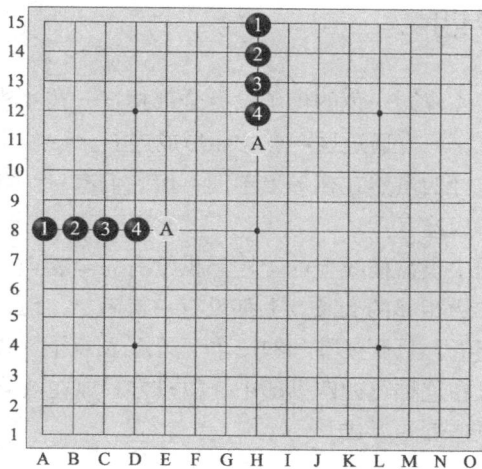

阳线上的连冲四

同理，下图中阴线上4枚相连的黑棋，有1枚棋子位于围棋的边线上，也只能在另一边的A点落子才能形成连五。如果白棋方在A点下1枚棋子阻拦，黑棋就无法形成连五。

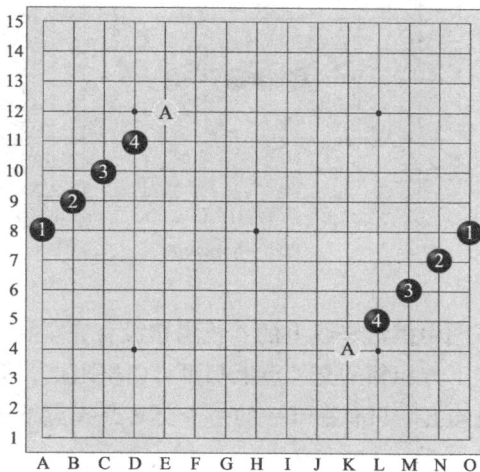

阴线上的连冲四

## 2.3.2 跳冲四

跳冲四是指 4 枚同一色的棋子没有全部相连，在 4 枚棋子之间有一个空白的交叉点，只有通过这一点才能形成连五。

跳冲四和连冲四虽然在棋形上不同，但它们有一个共同点，即都只有 1 个点可以形成连五。

例如，下图中棋盘横线上的 4 枚黑棋没有完全相连，虽然黑棋 1 的左边和黑棋 4 右边相邻的交叉点上都没有白棋阻挡，但是在该交叉点落子都无法形成连五。只有在唯一的一个交叉点 A 点下 1 枚黑棋，才能形成连五。所以，在这种跳冲四棋形中，白棋方只要在 A 点下 1 枚白棋，就可以阻挡黑棋连五的形成。

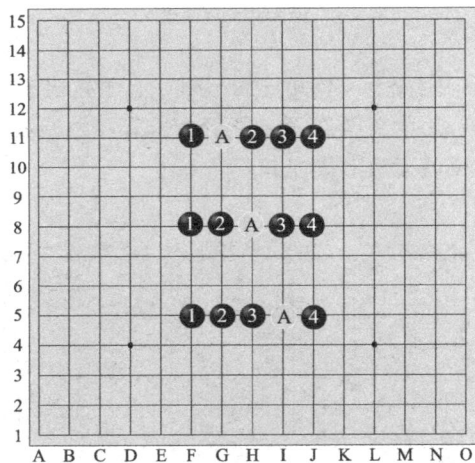

横线上的跳冲四

同理，下页图中棋盘竖线上的 4 枚黑棋没有完全相连，虽然黑棋 1 的上方和黑棋 4 下方相邻的交叉点上都没有白棋阻挡，但是在该交叉点落子也无法形成连五。只有在唯一的一个交叉点 A 点下 1 枚黑棋，才能形成连五。

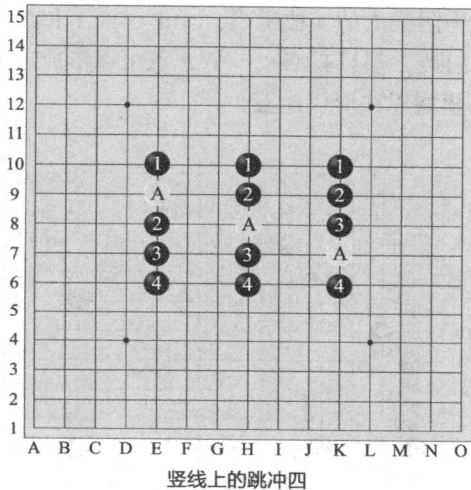

竖线上的跳冲四

如果在黑棋1和黑棋4相邻的交叉线上有白棋，该棋形也是跳冲四，如下图所示。只要在A点再下一枚黑棋，就可以形成连五。对局时，当其中一方出现了跳冲四棋形，另一方只需要在能形成连五的点落子，即可成功阻挡连五的形成。

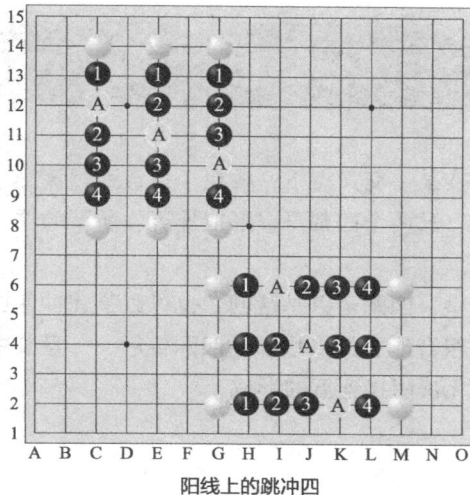

阳线上的跳冲四

同理，下图中阴线上的 4 枚黑棋，无论黑棋 1 和黑棋 4 相邻的交叉点上是否有白棋阻挡，都只有唯一一个 A 点可以形成连五。如果白棋方在 A 点落子，黑棋将无法形成连五。

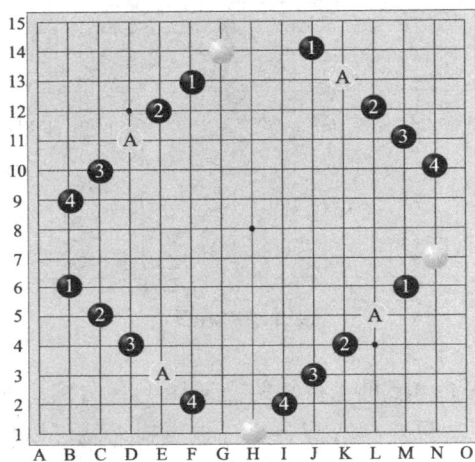

阴线上的跳冲四

# 2.4 四　四

四四是指当在某一交叉点下一枚棋子后，通过该交叉的两条线上将同时出现两个四，这两个四都可以形成连五。所下的这枚棋子是这两个四的共用棋子。

在四四棋形中，四既可以是活四，也可以是连冲四或跳冲四，所以任意活四和冲四组合形成的棋形都是四四棋形。一旦其中一方形成四四棋形后，对方将无法阻挡连五的形成。

例如，下图中当我们在 A 点下 1 枚黑棋后，即可在横线上形成一个跳冲四，在竖线上形成一个连冲四。

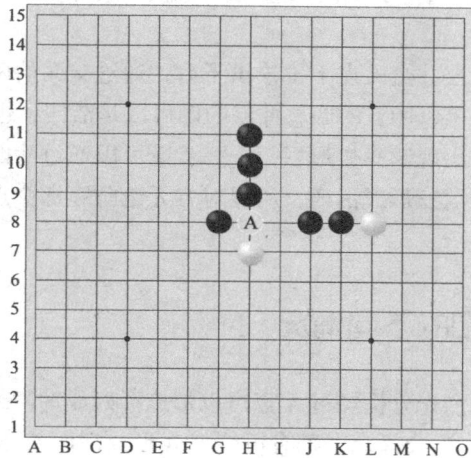

阳线上的跳冲四和连冲四

例如，下图中当我们在 A 点下 1 枚黑棋后，即可在阴线上形成一个跳冲四和一个活四。

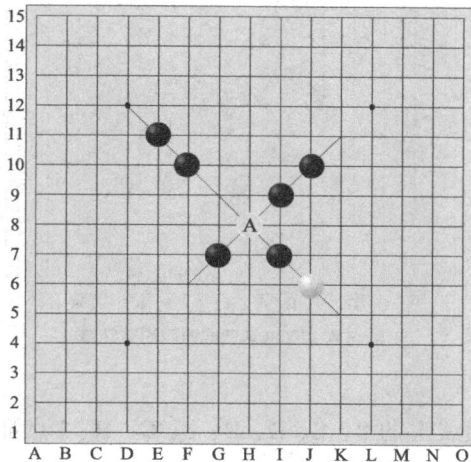

阴线上的跳冲四和活四

# 2.5 四　三

四三是指当在一交叉点下 1 枚棋子后，通过交叉的两条线上将出现一个活三和一个可以冲五的四。冲五的四可以是活四，也可以是冲四。

当其中一方出现四三棋形后，下一步既可以通过活四或冲四形成连五，也可以通过活三形成活四，所以对方无论防守那个点，四三棋形都可以形成连五。

## 2.5.1　形成四的不同情况

接下来，我们先分析经过 A 点可以形成活四或冲四的不同情况。下图中，标记为 × 的交叉点，都有可能与 A 形成活四或冲四。

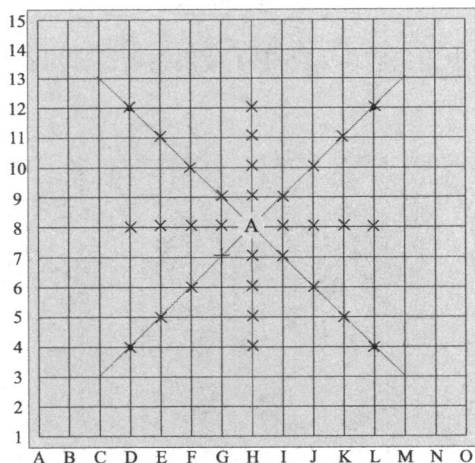

能与 A 点形成活四或冲四的交叉点

下页图中横线上的 B、C、D、E、F、G、H、I 点都可以与 A 点形活四或冲四。由于无论是在阳线还是阴线上，经过 A 点左右两边具有对称性，我们将只分析横线上的情况，其余线上的情况与横线相同。

## ● 可与 A 点形成活四的不同情况

通过观察下图不难发现，横线上经过 A 点可形成活四的点分别是：CDEA 点、DEAF 点、EAFG 点和 AFGH 点。

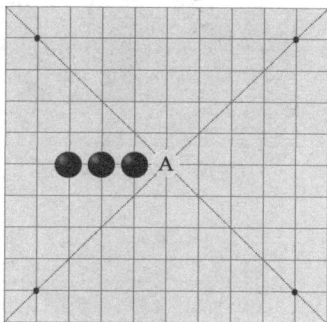

CDEA 点的活四

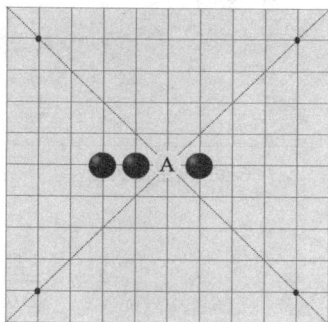

DEAF 点的活四

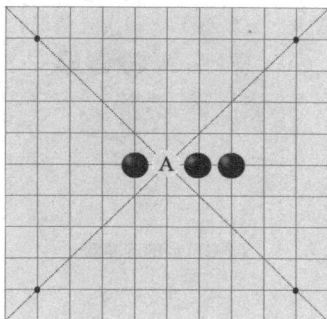

EAFG 点的活四

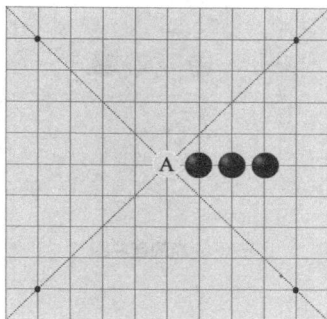

AFGH 点的活四

## ● 可与 A 点形成连冲四的不同情况

如果活四棋形其中任意一边相邻的交叉点上有对方的棋子，当在 A 点下 1 枚棋子后，形成的棋形都是连冲四。

例如，在横线上经过 A 点，可与 A 点形成活四的棋形中，如果在左边或右边相邻的交叉点上有一枚白色棋子，就都将变成连冲四棋形，如下图所示。

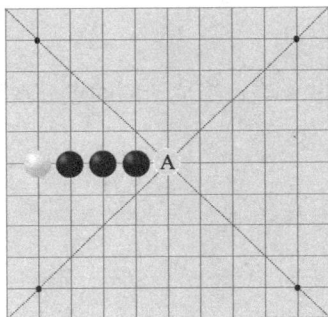

CDEA 点的连冲四

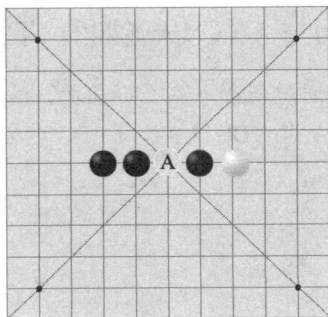

DEAF 点的连冲四

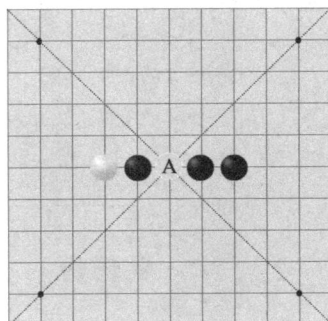

EAFG 点的连冲四

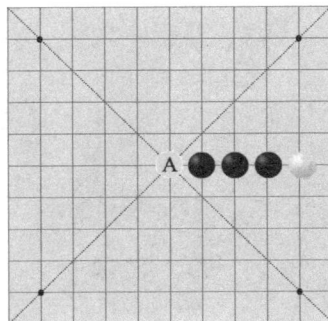

AFGH 点的连冲四

### ● 可与 A 点形成跳冲四的不同情况

接下来继续分析如果有白棋阻挡，当 A 点落 1 枚棋子后形成跳冲四的情况。熟悉了这些棋形后，我们在对局时，当出现了这些棋形，只要在 A 点下一枚棋子，就可以形成跳冲四。

由于在 A 点左右两边可形成的冲四棋形的情况相同，这里只介绍白棋阻挡在 A 点左边的情况。

（1）当白棋位于 B 点左边相邻的交叉点，与 A 点可形成跳冲四的棋形有以下 3 种。

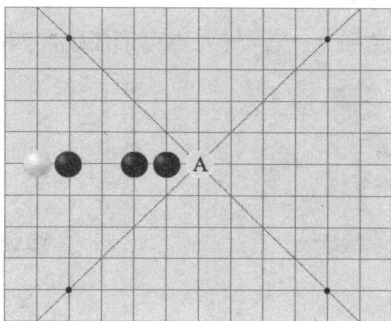

BDEA 点的跳冲四

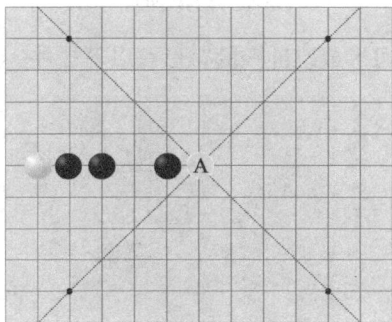

BCEA 点的跳冲四

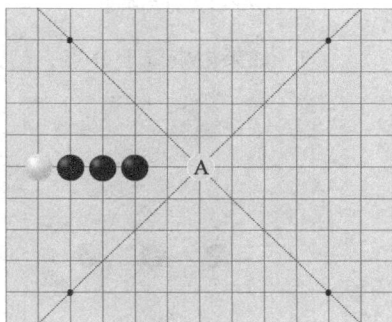

BDEA 点的跳冲四

（2）当白棋位于 B 点时，与 A 点可形成跳冲四的棋形有以下 2 种。

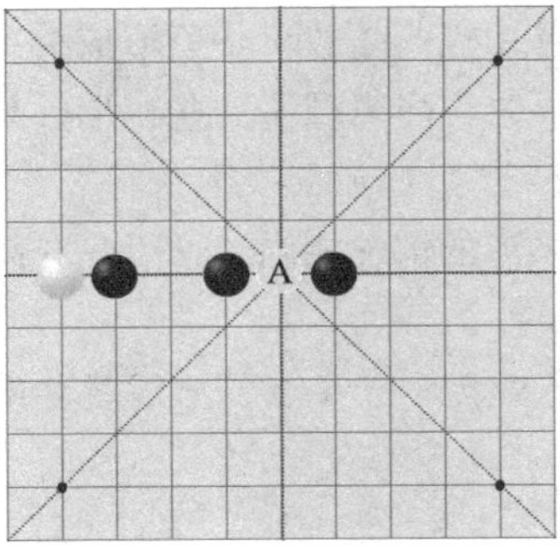

CEAF 点的跳冲四

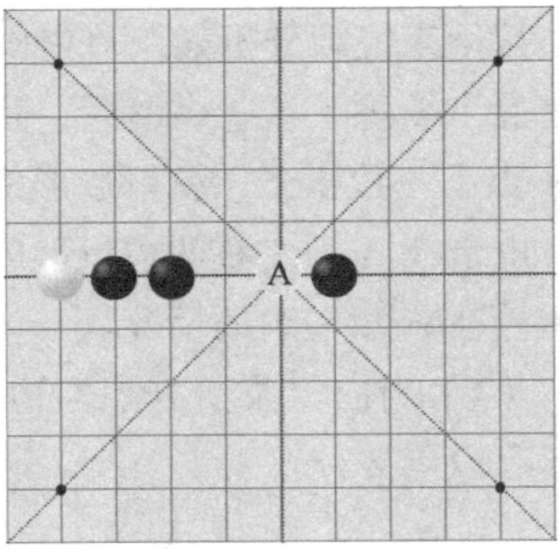

CDAF 点的跳冲四

（3）如果白棋位于 C 点，与 A 点可形成跳冲四的棋形有以下 2 种。

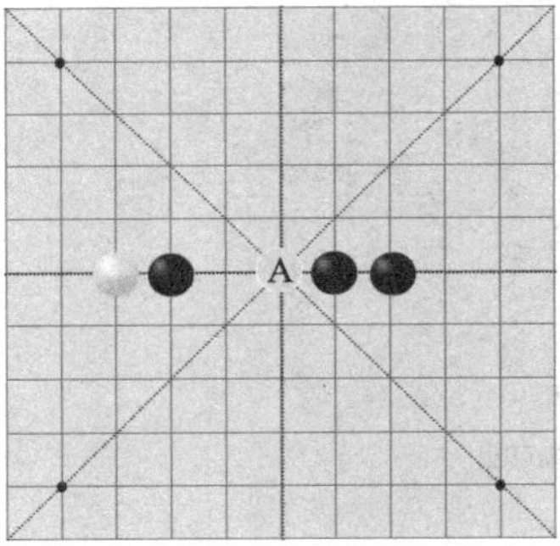

DAFG 点的跳冲四

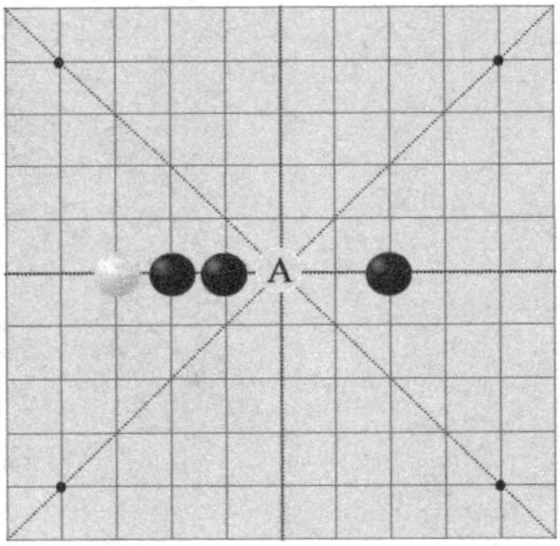

DEAG 点的跳冲四

（4）如果白棋位于 D 点，与 A 点可形成跳冲四的棋形有以下 2 种。

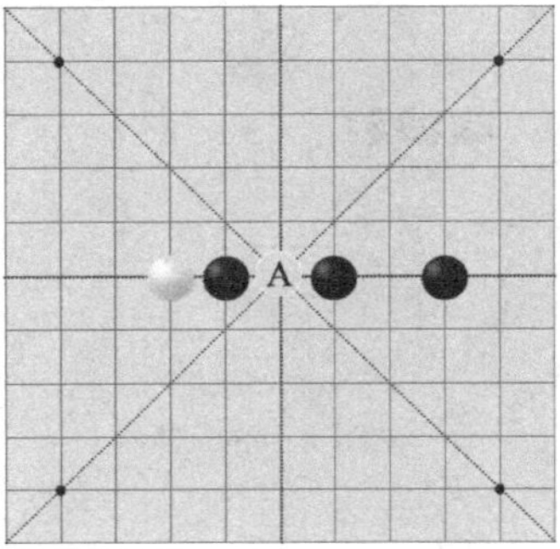

EAFH 点的跳冲四

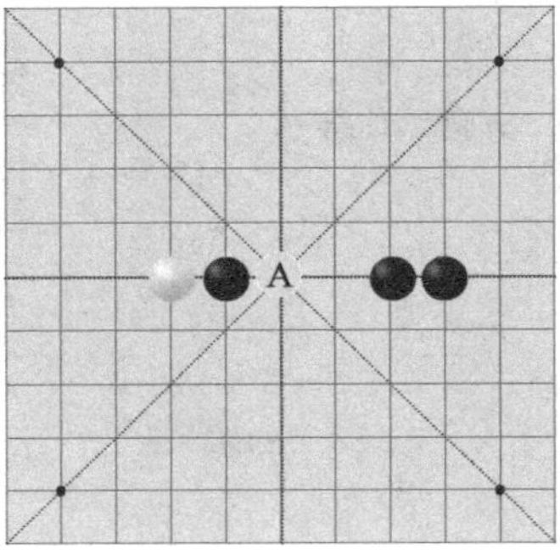

EAGH 点的跳冲四

（5）如果白棋位于 E 点，与 A 点可形成跳冲四的棋形有以下 3 种。

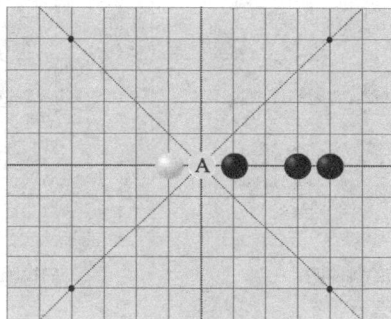

AFHI 点的跳冲四

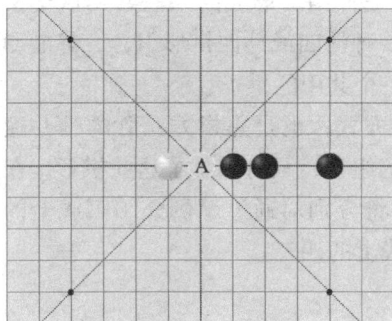

AFGI 点的跳冲四

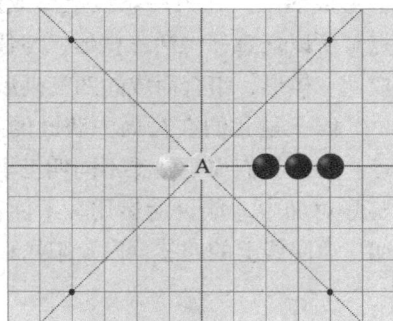

AGHI 点的跳冲四

　　在以上 12 种跳冲四棋形中，如果没有白棋阻挡，当在 A 点下 1 枚棋子后，同样是跳冲四棋形，只要白棋在 4 枚黑棋之间的空白交叉点落子防守，黑棋下一步就无法形成连五。

　　例如，在下页图中的棋形在 A 点下一枚黑棋后，形成的棋形不是活四，而是跳冲四。当白棋方在黑棋之间的交叉点落子防守后，将成功阻挡黑棋下一步形成连五。

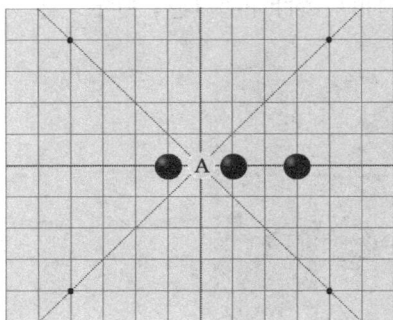

EAFH 点的跳冲四

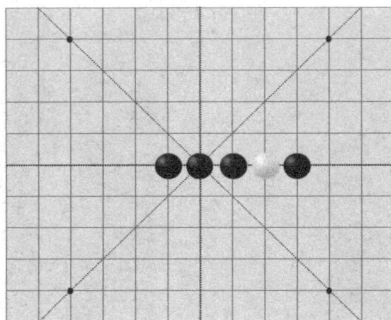

白棋阻挡黑棋形成连五

我们已经知道四三棋形是通过某个交叉点的两条线形成的，一条线上形成活三，在另一条线上形成活四或冲四。形成的四三共用该交叉点。所以任意一种活三棋形，与任意一种活四或冲四棋形组合，都能形成四三棋形，组合而成的四三棋形有一个共用的棋子。

四三是我们在对局中获胜的主要方式，也是黑棋方获胜的唯一途径。所以我们需要熟悉不同四三棋形的组合，只有熟悉了这些棋形，在实际对局中才能灵活运用。下面我们将分别对通过示例介绍阳线上的四三、阴线上的四三，以及阳线和阴线上的四三。

## 2.5.2 阳线上的四三

如果我们在两条阳线的交叉点下 1 枚棋子，使其中一条线上形成活三，另一条线上形成冲四或活四，对方将无法阻挡连五的形成。

例如，下页图中 A 点下 1 枚黑棋后，将在竖线上形成一个活三，在横线上形成一个跳冲四。

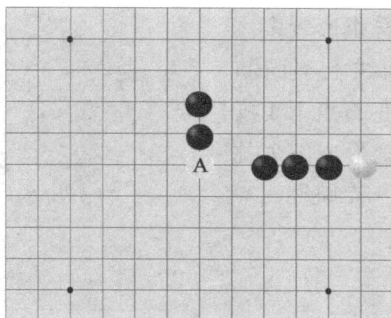

阳线上的冲四和连活三

当黑棋在 A 点落子后，效果如下图所示。虽然白棋可以在 D 点阻拦黑棋形成连五，但是黑棋可以继续在 B 点或 C 点落子，形成活四棋形。

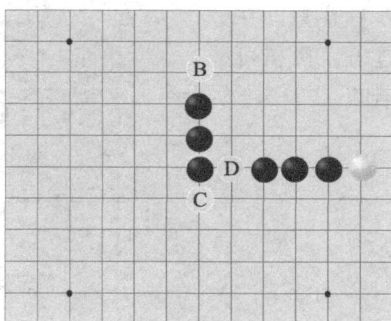

四三棋形分析示例图

当白棋阻拦了黑棋的连五，黑棋形成活四后，白棋虽然可以在一边落子阻拦，黑棋仍然可以通过另一边形成连五，如下图所示。

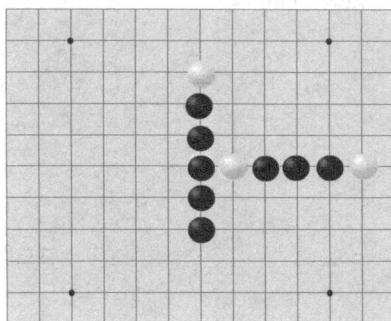

四三棋形分析示例图

四三棋形的组合棋形较多，接下来再看一例阳线上不同的四三棋形。右图中在 A 点下 1 枚黑棋后，将在竖线上形成一个跳活三，在横线上形成一个跳冲四。

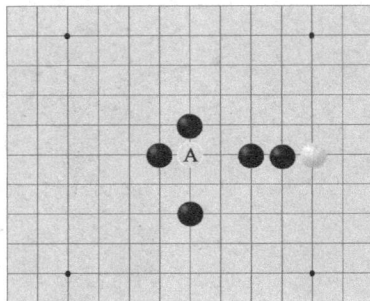

阳线上的跳冲四和跳活三

当黑棋在 A 点落子后，效果如右图所示。下一步白棋只能在 C 点阻拦黑棋形成连五，黑棋可以在 B 点落子形成活四。

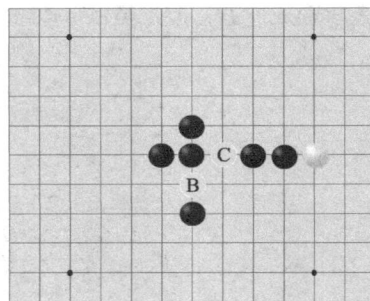

四三棋形分析示例图

当黑棋在 B 点形成活四后，白棋已经无法阻拦黑棋连五的形成。如右图所示。

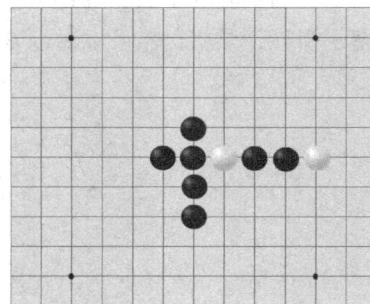

四三棋形分析示例图

## 2.5.3　阴线上的四三

　　如果我们在两条阴线的交叉点下 1 枚棋子，使其中一条阴线上形成活三，另一条阴线上形成冲四或活四，对方将无法阻挡连五的形成。

　　和阳线上的四三棋形一样，阴线上的四三组合棋形较多。由于阴线没有实际的线条，初学者开始很难看到四三棋形的落棋点，不但容易错过四三赢棋的机会，还会出现无法发现对方的四三棋形落棋点，没有及时阻拦而输棋。

　　例如，下图中在 A 点落 1 枚黑棋后，就可以在左边的阴线上形成跳冲四，在右边的阴线上形成连活三。

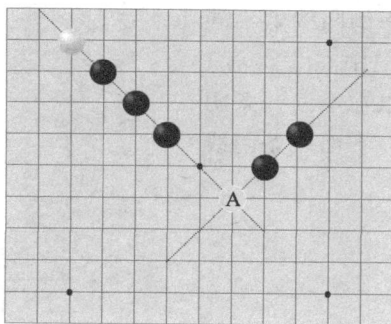

阴线上的跳冲四和连活三

　　当黑棋在 A 点落子后，效果如下图所示。虽然白棋可以在 B 点阻拦黑棋形成连五，但是黑棋可以继续在 C 点或 D 点落子，形成活四棋形。

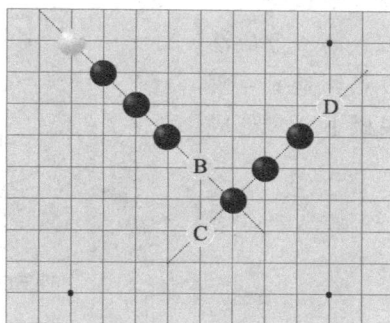

四三棋形分析示例图

当白棋阻拦了黑棋的连五，黑棋形成活四后，白棋虽然可以在一边落子阻拦，黑棋仍然可以通过另一边形成连五，如右图所示。

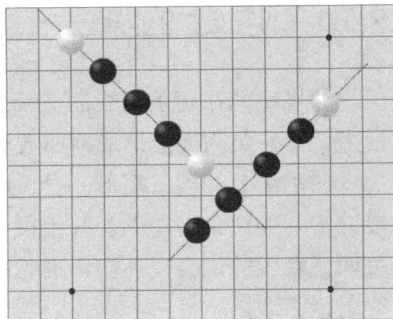

四三棋形分析示例图

接下来再看一例阴线上不同的四三棋形。右图中在 A 点落 1 枚黑棋后，就可以在上面一条阴线上形成跳活三，下面一条阴线上形成冲四。

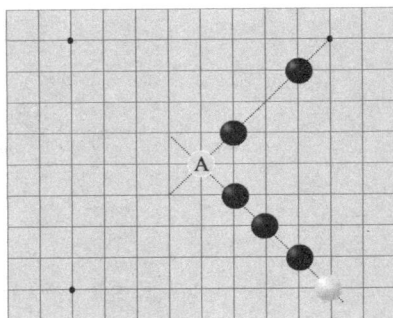

阴线上的连冲四和跳活三

当黑棋在 A 点落子后，白棋只能在 B 点阻拦黑棋形成连五。黑棋接着继续在 C 点落子形成活四，无论白棋在 D 点还是 E 点落子，都无法阻挡黑棋下一步形成连五，见右图。

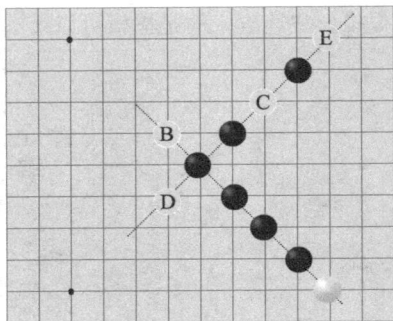

四三棋形分析示例图

## 2.5.4　阳线和阴线上的四三

如果我们在一条阳线和一条阴线的交叉点下 1 枚棋子，使其中一条线上形成活三，另一条线上形成冲四或活四，对方将无法阻挡连五的形成。

例如，下图中在 A 点落 1 枚黑棋后，就可以在阴线上形成连冲四，在阳线上形成跳活三。

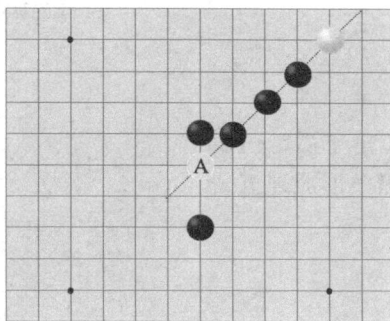

阴线上的连冲四和阳线上的跳活三

当黑棋在 A 点落子后，白棋只能在 B 点阻挡黑棋形成连五。黑棋接着继续在 C 点落子形成活四，无论白棋在 D 点还是 E 点落子，都无法阻挡黑棋下一步形成连五，如下图所示。

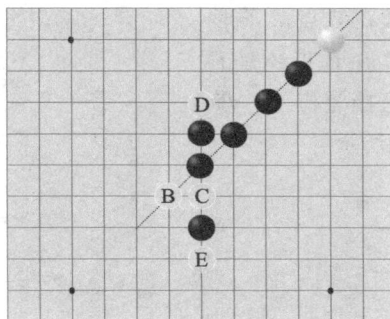

四三棋形分析示例图

接下来再看一例阳线和阴线上不同的四三棋形。例如，右图中在 A 点落 1 枚黑棋后，就可以在阳线上形成跳冲四，在阴线上形成活三。

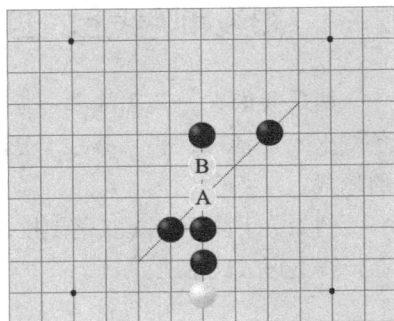

阳线上的跳冲四和阴线上的跳活三

当黑棋在 A 点落子后，白棋只能在 B 点阻拦黑棋形成连五，如右图所示。

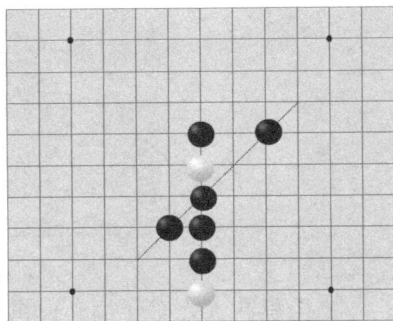

四三棋形分析示例图

黑棋接着继续在 C 点落子形成活四，无论白棋在 D 点还是 E 点落子，都无法阻挡黑棋下一步形成连五。如右图所示。

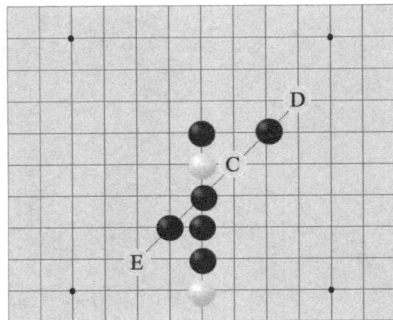

四三棋形分析示例图

# 2.6 活 三

当我们将活四的棋形任意拿掉 1 枚棋子后，剩下的 3 枚棋子组成的棋形就是活三。

我们已经知道活四棋形有 4 枚相连的同色棋子，当拿掉其中 1 枚棋子后，剩余的 3 枚棋子可能相连，也可能不相连。如果 3 枚棋子相连，这种棋形称为连活三，如果 3 枚棋子不相连，这种棋形称为跳活三，下面将分别介绍。

## 2.6.1 连活三

连活三是指有 3 枚相连的同色棋子，当我们在其中一边相邻的交叉点下 1 枚棋子后，就能形成活四。在判断连活三棋形时，首先要看 3 枚同色的棋子是否相连，然后再看如果在相邻的交叉点下 1 枚棋子后，是否能形成活四。如果这两个条件同时具备，该棋形就是连活三。

例如，下图中阳线和阴线上分别有 3 枚相连的黑棋，当我们在 A 点或 B 点下 1 枚黑棋后，棋形成将变成活四，所以该棋形就是连活三。

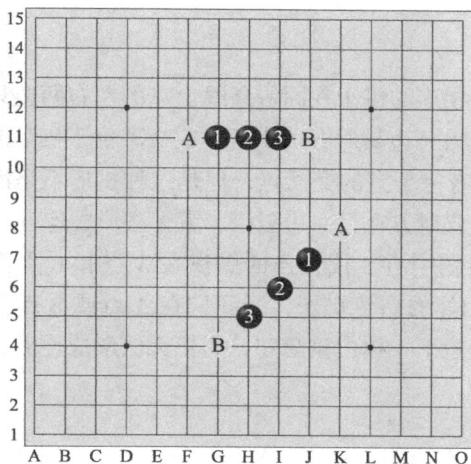

阳线和阴线上的连活三

下图中阳线和阴线上分别有 3 枚相连的黑棋，在 B 点相邻的交叉点上都有一枚白色棋子，如果黑棋在 B 点下一枚棋子，形成的是冲四棋形，白棋在 A 点可阻拦黑棋形成连五。但是黑棋如果在 A 点下一枚棋子，将形成活四棋形，白棋无法阻拦黑棋连五的形成。所以该棋形也是活三。

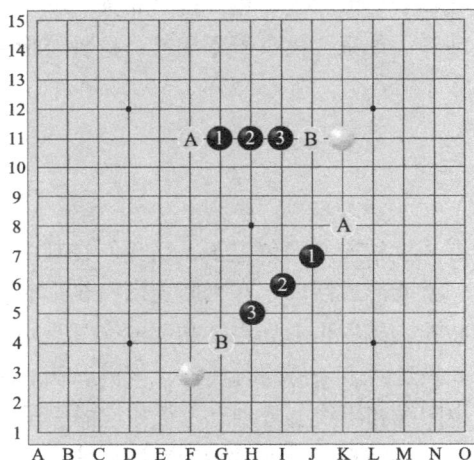

阳线和阴线上的连活三

当 3 枚同色相连的棋子在同一条线上点的左右两边只有一个空的交叉点，在交叉点另一边是对方的棋子，或交叉位于棋盘的边线。虽然在 3 枚棋子两边都有一个空的交叉点，但是这种棋形不是活三。因为再下一枚棋子后，只要对方在另一边阻拦，就无法形成连五。

例如，下页图中有 3 枚相连的黑棋在 A 点和 B 点都没棋子，但 A 点和 B 点都有相邻的白色棋子，当我们在 A 点或 B 点下 1 枚黑棋后，对方可以在另一边下 1 枚白棋防守，黑棋无法形成连五，所以这种棋形不是活三。

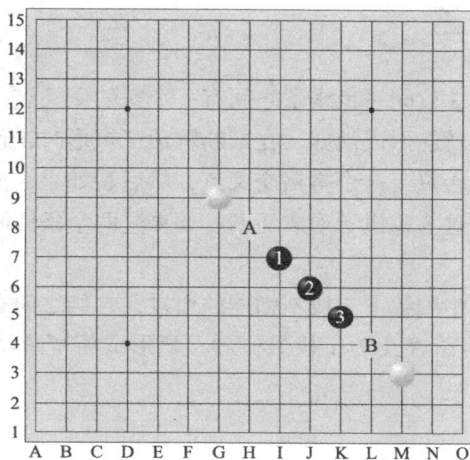

因对手阻挡形成的假活三

例如，下图中有 3 枚相连的黑棋，在 A 点和 B 点都没棋子，但 A 点和 B 点都在棋盘的边上，在两边无法再落棋子。当我们在 A 点或 B 点下 1 枚黑棋后，对方可以在另一边下 1 枚白棋防守，黑棋无法形成连五，所以这种棋形不是活三。

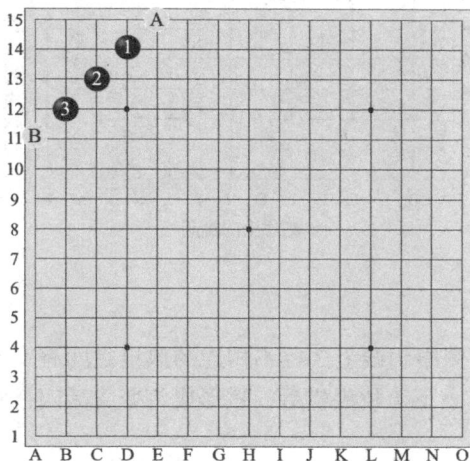

因对手阻挡形成的假活三

## 2.6.2 跳活三

跳活三是指 3 枚同一色棋子之间有一个空的交叉点，当在该交叉点下 1 枚棋子后，就能形成活四。在判断跳活三棋形时，首先要看 3 枚同色的棋子之间是否只有一个空格交叉点；然后看如果在该交叉点下 1 枚棋子后，能否与这 3 枚棋子形成活四。如果这两个条件同时具备，该棋形就是跳活三。

例如，下图中阳线上 3 枚不相连的黑棋，它们之间有一个空的交叉点 A 点，当我们在 A 点下 1 枚黑棋后，棋形成将变成活四，所以该棋形是跳活三。

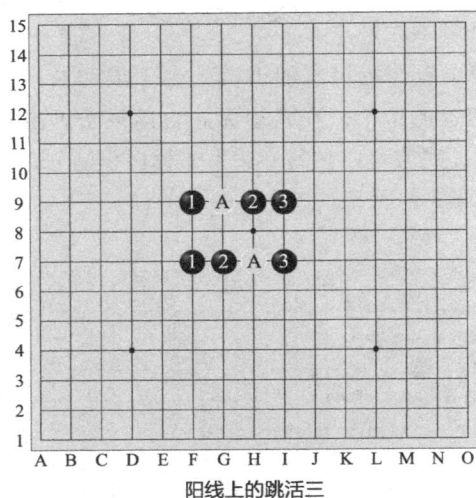

阳线上的跳活三

同理，下页图中阴线上 3 枚不相连的黑棋之间有一个空的交叉点 A 点，当我们在 A 点下 1 枚黑棋后，棋形成将变成活四，所以该棋形是跳活三。

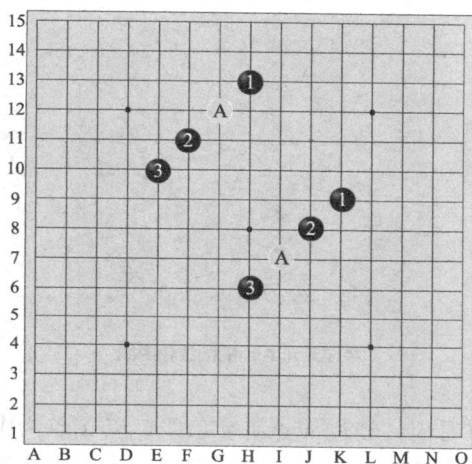

阴线上的跳活三

# 2.7 双 活 三

    我们在实际对局的过程中，当一方形成活三或者冲四的时候，另一方都会进行阻挡防守，从而无法顺利形成连五。如果同时形成了 2 个双活三，当阻挡其中 1 个活三后，还可以通过另一个活三形成活四，从而进一步形成连五。

    双活三是指当下 1 枚棋子后，经过该棋子所在点的两条线上同时形成 2 个活三。形成活三的两条线可以是阳线，也可以是阴线，这些线条一起组成了"米"字形状。下页图所示就是经过天元 A 点的阳线和阴线。

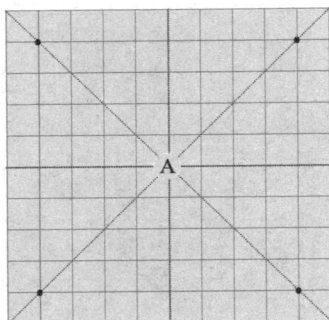

经过天元 A 点的阳线和阴线

从上图可以看出，经过 A 点有 4 条线，以 A 点为中心，每一条线上 A 点左右两边 3 个交叉带点，都有可能与 A 点形成活三，即下图中标记为 × 的交叉点，都有可能与 A 点形成活三。

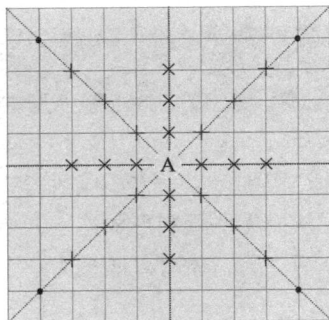

能与 A 点形成活三的点

由于活三有连活三和跳活三两种情况，双活三可能都在阳线上，也可能都在阴线上，还可能是一个在阳线上，另一个在阴线上，双活三棋形组合情况较多。但无论怎样组合，我们只要清楚在一条线上经过 A 点可形成活三的各种情况，就能快速掌握不同双活三棋形的组合。

下图中横线上的 B、C、D、E、F、G 点都可以与 A 点形成活三。我们先来看可与 A 点形成连活三的情况。通过图例可以看出，只要我们在 A 点下一枚棋子，就可以分别形成与 CD 点，DE 点和 EF 形成连活三。

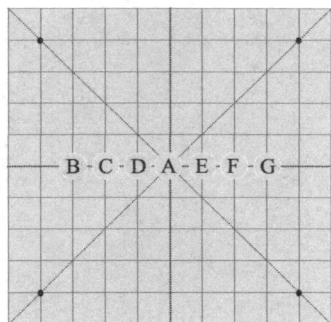

C、D、A 点的连活三

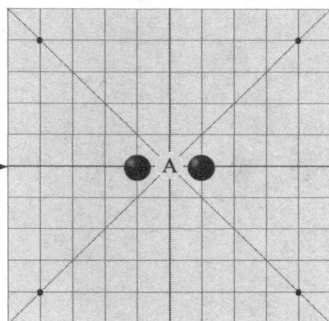

B · C · D · A · E · F · G

可与 A 点形成活三的点

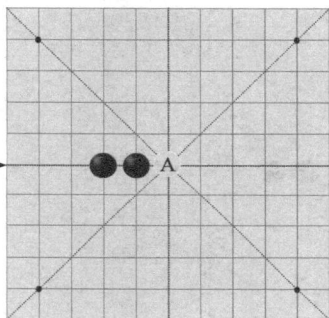

D、A、E 点的连活三

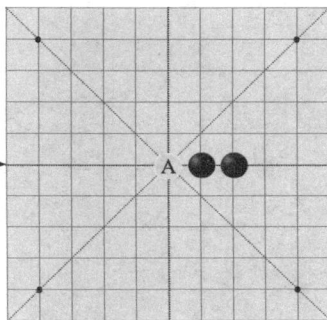

A、E、F 点的连活三

接下来再看能与 A 点形成跳活三的情况。从下图中可以看出，只要在 A 点下 1 枚棋子，就可以分别形成与 BC 点、BD 点、CE 点、DF 点、EG 点和 FG 点形成跳活三。

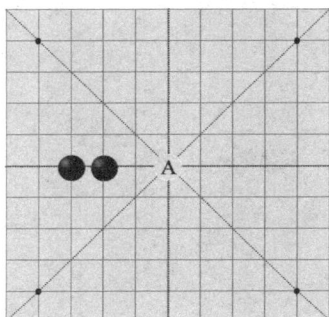

BCA 点的跳活三

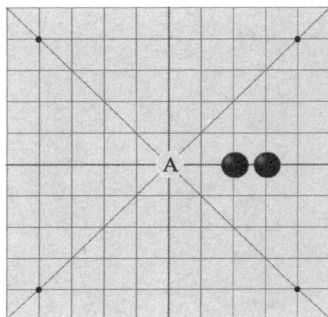

AFG 点的跳活三

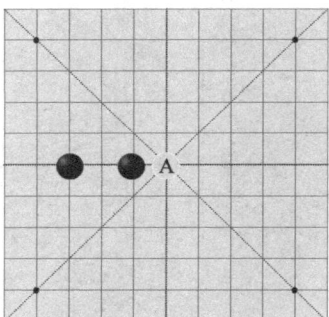

能与 A 点形成跳活三的 6 种情况

BDA 点的跳活三

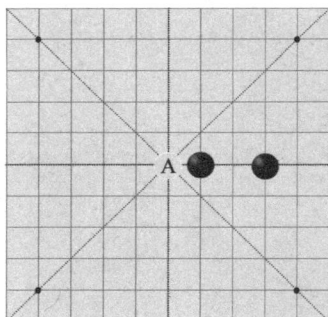

AEG 点的跳活三

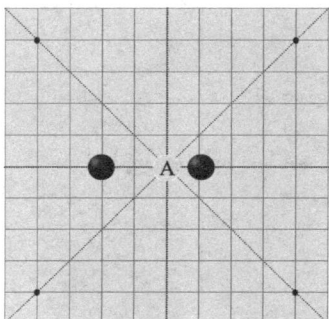

CAE 点的跳活三

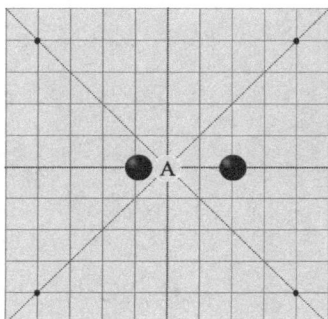

DAF 点的跳活三

由于经过 A 点的线有 4 条，每条线上能与 A 点形成活三的情况一共有 9 种，两条线在 A 点形成的活三情况会有多种不同组合。接下来我们将对阳线上的双活三、阳线与阴线上的双活三、两条阴线上的双活三以及多重双活三棋形分别进行介绍。

## 2.7.1 阳线上的双活三

对于初学者，阳线上形成双活三的落棋点比较容易看出来，我们已经知道了阳线上形成活三的不同情况，所以只要这些棋形在横线和竖线上共用一个交叉点，组成的棋形就是双活三。

例如，下图中在 A 点下一枚黑棋后，将在横线和竖线上同时形成连活三。

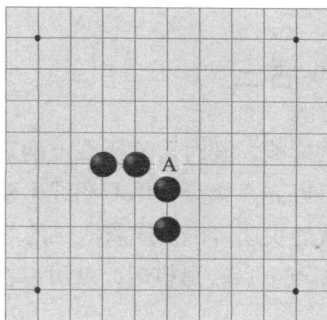

阳线上的双连活三

例如，下图中在 A 点下一枚黑棋后，就可以在竖线上形成连活三，横线上形成跳活三。

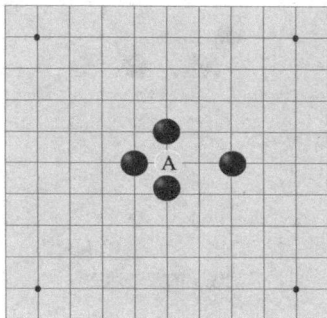

阳线上的连活三和跳活三

例如，下图中在 A 点下一枚黑棋后，就可以在横线和竖线上同时形成跳活三。

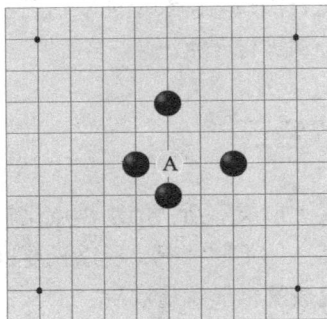

阳线上的双跳活三

## 2.7.2　阴线上的双活三

由于受对方棋子的影响，及时看清阴线上的双活三落棋点相对比较困难。对于初学者，可以先在棋盘上练习阴线上双活三的不同组合，熟悉这些棋形组合后，就能快速看出形成双活三的落棋点。

例如，下图中在 A 点下一枚黑棋后，就可以在阴线上同时形成双连活三。

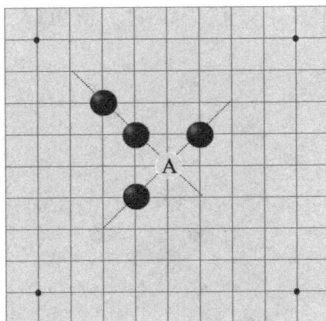

阴线上的双连活三

　　下图中在 A 点下一枚黑棋后，就可以在阴线上同时形成连活三和跳活三。

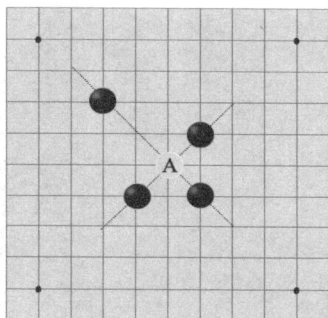

阴线上的连活三和跳活三

　　下图中在 A 点下一枚黑棋后，就可以在阴线上同时形成 2 个跳活三。

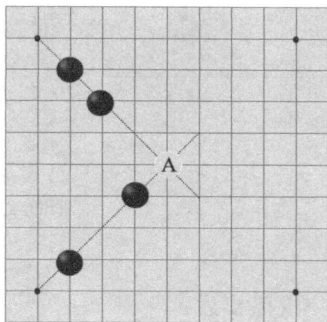

阴线上的双跳活三

## 2.7.3　阳线和阴线上的双活三

　　阳线和阴线上的双活三是指当我们下一枚棋子后，会在阳线和阴线上形成两个活三，这两个活三共用一枚棋子。阳线和阴线上的双活三既可以是连活三，也可以是跳活三，我们需要熟悉阳线和阴线上不同活三的组合棋形，并能看出双活三的落棋点。

例如，右图中在 A 点下一枚黑棋后，就可以在阳线和阴线上同时形成连活三。

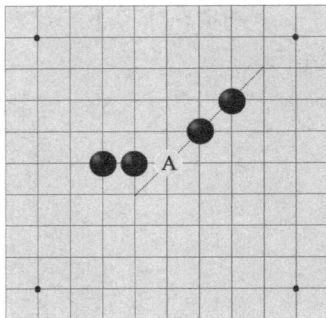

阳线和阴线上的双跳活三

右图中在 A 点下一枚黑棋后，就可以在阳线上形成连活三，同时阴线上形成跳活三。

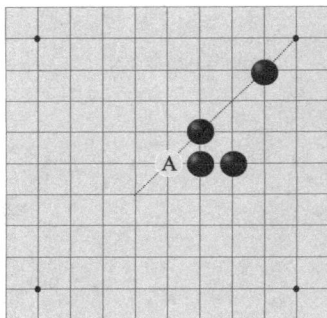

阳线上的连活三和阴线上的跳活三

右图中在 A 点下一枚黑棋后，就可以在阳线和阴线上同时形成跳活三。

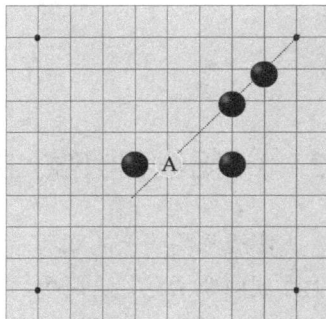

阳线和阴线上的双跳活三

　　我们通过示例了解了双活三的不同组合棋形，虽然双活三的棋形变化多样，但只要熟悉了活三的基本棋形，就很容易看出形成双活三的落棋点。只有掌握了这些棋形，在对局的过程中才能很好地进行进攻和防守。

## 2.7.4　多重双活三

　　如果形成双三的落棋点不止一个，这种棋形就属于多重双活三。例如，下图中我们在 A 点下一枚黑棋，可以在阴线上与黑棋 3、黑棋 4 形成连活三，同时在阳线上与黑棋 1、黑棋 2 形成跳活三。实际上除 A 点外，还有其他落棋点可以形成双三。

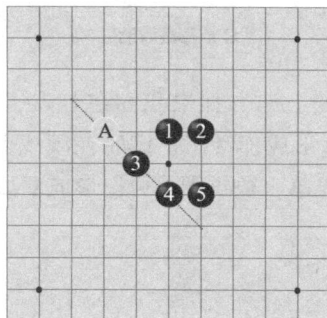

A 点形成双活三

　　接下来看下图中的 B 点，如果我们在 B 点落 1 枚黑棋，可以在阴线上与黑棋 1、黑棋 3 形成连活三，同时在阳线上与黑棋 4、黑棋 5 形成跳活三。所以在 B 点下一枚棋子可以形成双活三。

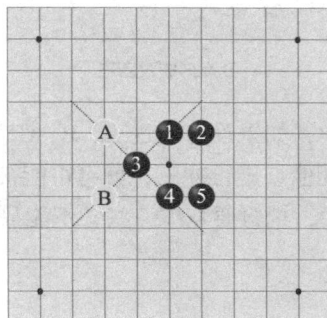

B 点形成双活三

我们再来看下图中的 C 点，如果我们在 C 点下一枚黑棋，可以在阴线上与黑棋 3、黑棋 4 形成连活三，同时在阳线上与黑棋 5、黑棋 2 形成跳活三。所以在 C 点下一枚棋子也可以形成双活三。

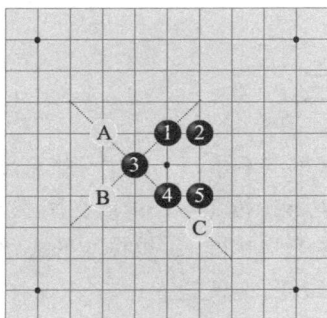

C 点形成双活三

最后来看下图中的 D 点，如果我们在 D 点下一枚黑棋，可以在阴线上与黑棋 1、黑棋 3 形成连活三，同时在阳线上与黑棋 2、黑棋 5 形成跳活三。所以在 D 点落 1 枚棋子也可以形成双活三。

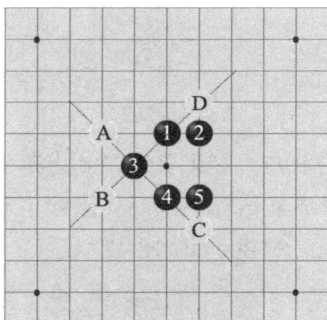

D 点形成双活三

在实际对局过程中，如果没有通过 A、B、C、D 点中任意一点形成双活三棋形，而是在其他点进行冲三，就有可能被对方成功防守。所以我们在实际对局过程中，视野要宽广一些，不能只盯着局部的棋子。

# 2.8 眠 三

眠三是指 3 枚同色棋子再增加 1 枚后就能形成冲四，这 3 枚棋子组成的棋形就是眠三。眠三是冲四的基础，我们需要熟悉不同眠三在棋盘上的棋形，并且要清楚每个眠三都有 2 个冲四点。眠三可分为连眠三和跳眠三，下面将分别介绍。

## 2.8.1 连眠三

连眠三是指 3 枚同色的棋子相连，其中一边被对方棋子阻拦或者受棋牌边线限制，只能在另一边形成冲四。

例如，下图中的连眠三，黑棋 1 的一边被白棋阻挡，如果在 A 点下一枚黑棋后，可以形成连冲四，如果在 B 点下一枚黑棋，可以形成跳冲四。初学者通常会直接在 A 点冲四，而忽略 B 点也可以冲四。

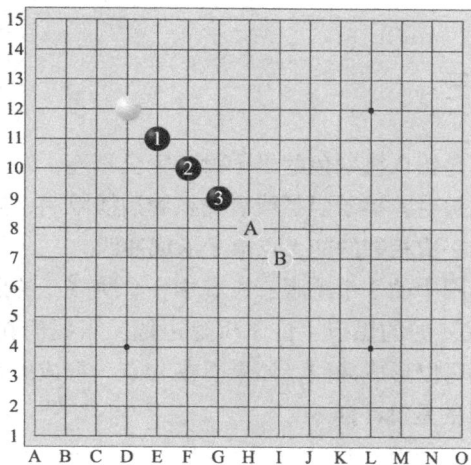

连眠三

下图中黑棋 1 位于棋盘的边线，虽然没有白棋阻挡，但只能在另一边的 A 点或 B 点落子，形成连冲四或跳跳冲四。所以这种也是眠三，而不是活三。

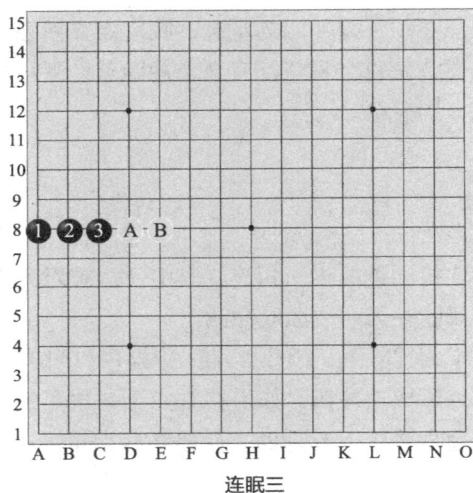

连眠三

## 2.8.2　跳眠三

通常跳眠三是指 3 枚同色的棋子没有完全相连，之间有一个空的交叉点，并且一边被对方棋子阻拦或者受棋牌边线限制，只能在它们之间的交叉点或者另一边相邻的交叉点落子形成冲四。

例如，下页图中的 2 个跳眠三，其中一个跳眠三的黑棋 1 被白棋阻挡，另一个跳眠三的的黑棋 1 位于棋盘边线。当我们在 A 点或 B 点下一枚黑棋后，都可以形成冲四，如果下在 A 点，形成的是连冲四，如果下在 B 点，形成的是跳冲四。

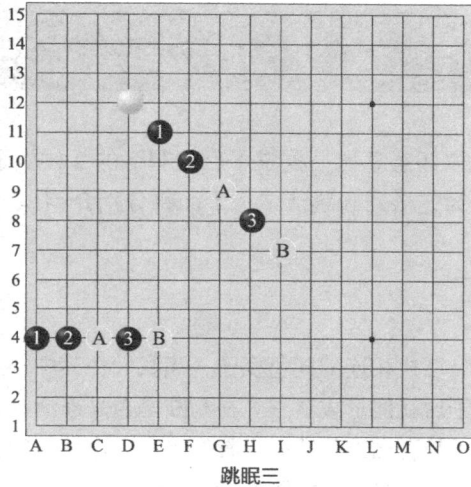

跳眠三

跳眠三还有一种情况，就是3枚同色棋子同一条线上的两边没有被对方棋子阻挡，这3枚棋子之间有2个空的交叉点。

例如，下图中当我们在其中一个A点下一枚黑色棋子后，虽然有4枚棋子在同一条线上，但是没有形成活四的棋形，只要对方在另外一个A点阻挡，就无法形成连五。

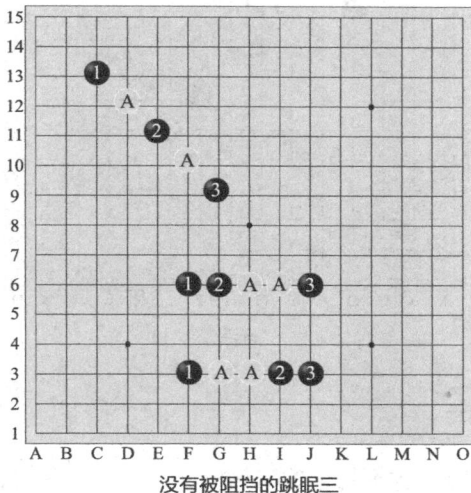

没有被阻挡的跳眠三

# 2.9 活 二

当我们将活三任意拿掉一枚棋子后，剩下的 2 枚棋子组成的棋形就是活二。活二分为连活二和跳活二，下面将分别介绍。

## 2.9.1 连活二

连活二是指有 2 枚相连的同色棋子，当我们在其中任意一边相邻的交叉点上下一枚棋子后就能形成活三。在判断是否是连活二棋形时，首先要看 2 枚同色的棋子是否相连，然后再看如果在一边相邻的交叉点上下一枚棋子后是否形成活三。如果这两个条件同时具备，该棋形就是连活二。

例如，下图中的连活二在我们在 A 点或 B 点下 1 枚黑棋后，棋形成将变成连活三。

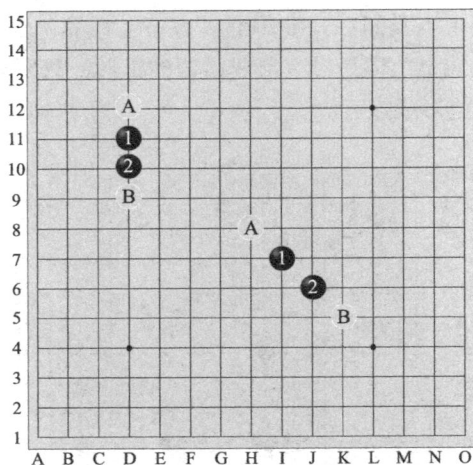

连活二

## 2.9.2 跳活二

跳活二是指有 2 枚不相连的同色棋子，当我们在相邻的交叉点下一枚棋子后就能形成活三。由于活三有连活三和跳活三2种棋形，如果我们将连活三或跳活三中间的一枚棋子拿掉，形成的棋形就是跳活二。

例如，下图中将连活三中的黑棋2拿掉后，形成的棋形就是跳活二。

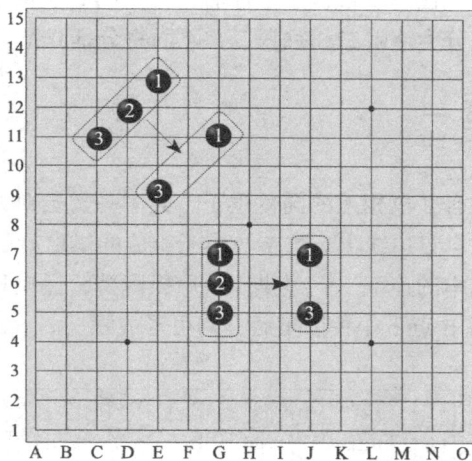

跳活二

下图中将跳活三中的黑棋2拿掉后，形成的棋形也是跳活二。

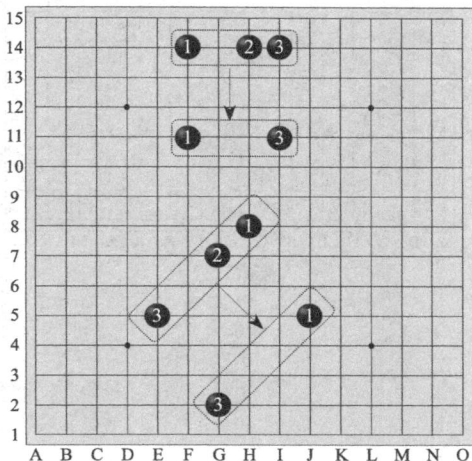

跳活二

# 2.10 眠 二

当我们将眠三任意 1 枚棋子拿掉后，剩下的 2 枚棋子组成的棋形就是眠二。眠二也分为连眠二和跳眠二，下面将分别介绍。

## 2.10.1 连眠二

连眠二是指有 2 枚相连的同色棋子，其中一边被对方棋子阻挡，或其中 1 枚棋子在棋盘边线上。这 2 枚棋子组成的棋形就是连眠二。

例如，下图中的连眠二，黑棋 1 被白棋阻挡，黑棋只能在另一边落子。当在 A 点或 B 点下 1 枚黑棋后，均可形成眠三。

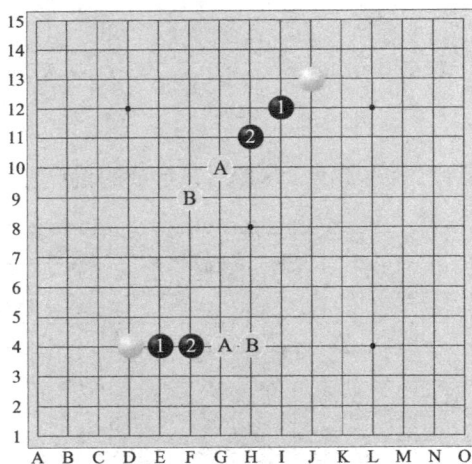

连眠二

## 2.10.2　跳眠二

当跳活二棋形的其中一边被对方棋子阻挡后，形成的棋形就是跳眠二。例如，下图中黑棋 1 和黑棋 2 组成的棋形就是跳眠二，只要在 A 点或 B 点再下 1 枚黑棋，就可以形成眠三。

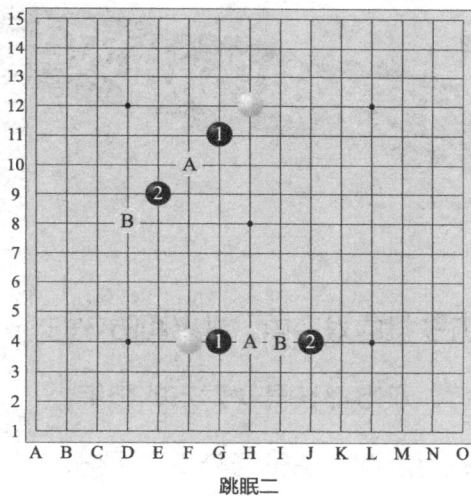

跳眠二

# 第三章 五子棋的进攻与防守

　　我们在五子棋的对弈中，进攻和防守的转换不断进行，双方都在寻找对方的破绽，以抓住机会取得胜利。由于局势千变万化，要想有效进攻和防守，必须清晰理解进攻和防守的思路。因此，本章首先介绍五子棋的子力、连接和方向，然后通过不同案例，详细介绍五子棋的进攻与防守策略，帮助大家更好地掌握五子棋的实战技巧。

# 3.1　五子棋的子力

我们在学习五子棋的进攻和防守之前，有必要先了解五子棋的子力作用。棋盘上不同点位的棋子，可形成连五的机会不一样，即不同点位棋子的子力会不一样。通常越靠棋盘中间的棋子子力越强，越靠棋盘边线的棋子子力越弱。在不考虑对方棋子的前提下，我们先来分析不同点位的棋子子力。

下面以天元 A 点为例，分析和 A 点形成连五的情况。下图中在横线上的 A 点左右两边相连的 4 个交叉点，都有机会与 A 点形成连五，一共有 5 种连五的可能，分别是 1234A、234A5、34A56、4A567 和 A5678

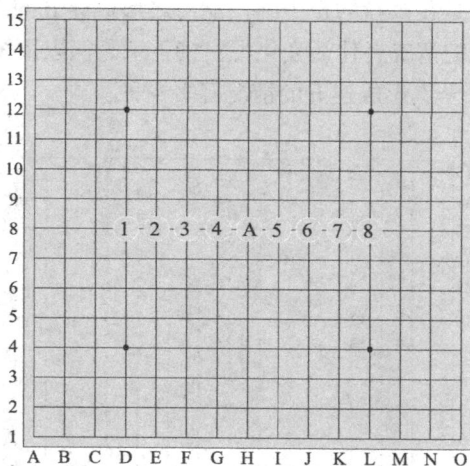

横线上可与天元形成连五的点

经过天元的线除了横线外，还有竖线和两条阴线，其余 3 条线与 A 点能形成连五的情况都相同。我们已经知道横线上与 A 点形成连五的可能有 5 种，所以经过 A 点的 4 条线一共能与 A 点形成连五的可能性一共有 20 种，如下页图所示。

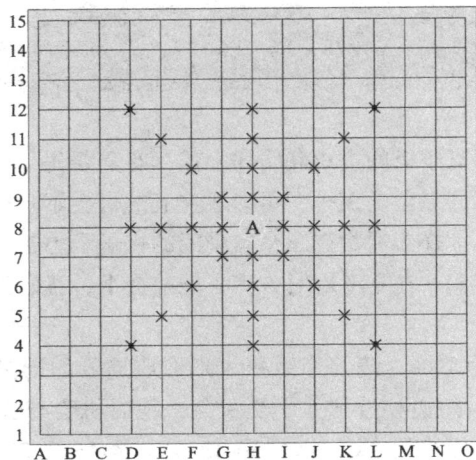

可与天元形成连五的点

由于天元点是在棋盘的正中间，能与之形成连五的点肯定最多，其他点能形成连五的情况有什么变化呢？接下来我们以下图中 D12 星位点为例，看看能与 A 点形成连五的情况有多少种。

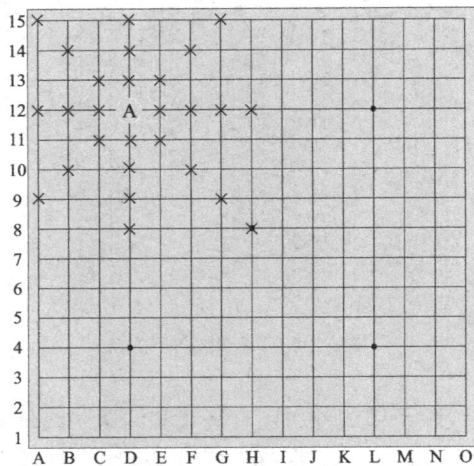

可与 D12 星位形成连五的点

通过示例图可以看出，能与 D12 星位形成连五的交叉点比通过天元形成连五的点要少。竖线和横线上都分别要少 1 个点，能形成连五的情况分别少了 1 种；两条阴线上也分别少了 1 个点和 2 个点，能形成连五的情况也分别少了 1 种和 2 种。所以能与 A 点形成连五的情况比天元点少了 5 种，一共只有 15 种。

最后，我们再来看棋盘上的 A1 点，能与之形成连五的点。通过下图可以看出，能与 A1 点形成连五的情况只有 3 种。

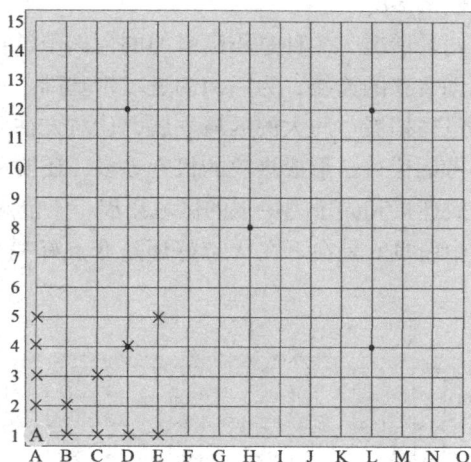

可与 A1 形成连五的点

通过对天元、星位和 A1 点的分析可以看出，4 个星点区域内的交叉点，能形成连五的数量最多，代表这些点上的棋子子力最强。越靠近边线区域的交叉点，能与之形成连五的数量越少，其棋子子力越弱，4 个角点的棋子子力最弱。

由于五子棋必须要形成连五才能赢棋，根据棋盘中不同位置的子力情况可知，只有让棋子往子力更强的方拓展，形成连五的可能性才会更多，赢棋的机会才会更大。

# 3.2 五子棋的连接和方向

　　棋盘上除边线上的交叉点外，其余交叉点上的棋子都可以在 4 条线 8 个方向进行连接。我们已经知道棋盘中 4 个星点区域内的交叉点能形成连五的数量最多，越靠近边线区域的交叉点，能与之形成连五的数量越少，4 个角点能形成连五数量最少。所以在进攻或防守时，需要尽量连接能形成连五数量多的点。

　　连接可分为两种情况，一种是与已有的同色棋子进行连接，另一种情况是通过进攻创造新的连接，为后面的进攻打基础。我们在考虑棋子的连接时，要尽量往拓展空间大的区域发展，让对方往拓展区域小的方向发展。不但要考虑让自己形成进攻的机会更多，还要考虑尽量限制对方形成更多的有效连接和向子力更强的区域拓展，不能顾此失彼。

　　例如，下图中白棋 6 是在下在 A 点好还是 B 点好呢？

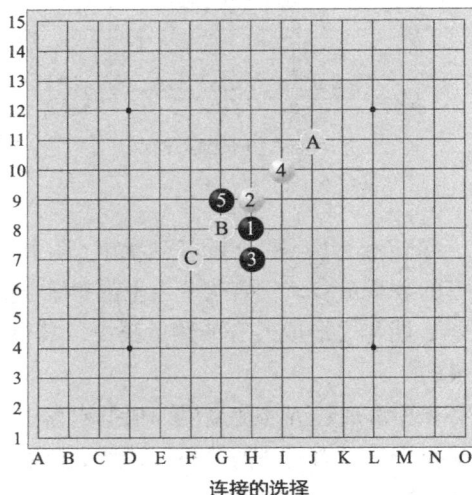

连接的选择

如果只是从这两点的区域位置来看，A 点和 B 点的子力相同，与这两个点形成连五的数量也相同，由于通过 B 点的横线、竖线和其中一条阴线上与 B 点相邻的交叉点上都有一颗黑棋，明显白棋 6 下在 A 点能形成连五的机会要比 B 点多。是否意味着白棋 6 下在 A 点就是正确的选择呢？

假设白棋 6 下在 A 点形成了活三，黑棋 7 在 B 点进行阻拦，同时形成了 4 个活二，分别是黑棋 7-1，黑棋 7-5、黑棋 7-3 和黑棋 5-1，如下图所示。

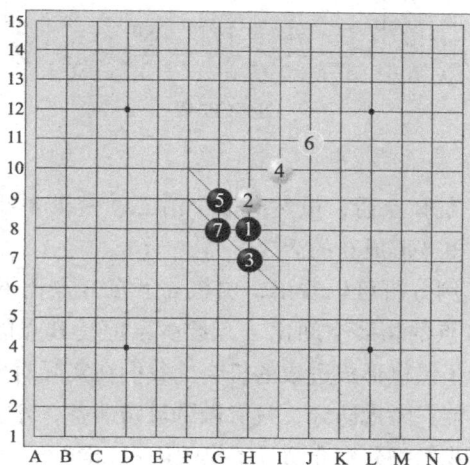

连接的选择

由于白棋后续无法通过连续进攻取胜，只能被动地防守黑棋，而黑棋有 4 个活二，无论白棋怎么防守，黑棋都可以在下一步通过活三进攻。

假设白棋 6 下在 B 点形成活三，黑棋可在 A 点和 C 点进行阻拦，当在 A 点阻拦时，只有一个活二黑棋 5-1，当在 C 点阻拦时，可同时形成一个新的活二黑棋 7-3，如下页图所示。

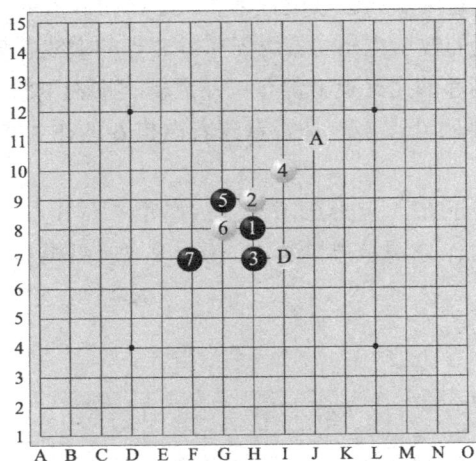

连接的选择

当黑棋 7 下在 B 点后，虽然有 2 个活二，白棋 8 可以在 D 点落子阻拦，同时与白棋 4 形成新的活二。

通过以上案例分析可以看出，白棋 6 下在 B 点比下在 A 点明显要好一些，虽然 B 点的拓展空间比 A 点要少，但是 B 点能限制黑棋的拓展和连接，减少了黑棋形成进攻的机会。我们在实际对局过程中不能只考虑进攻，也不能只考虑防守，只有做到攻防兼备，才能获得更多的赢棋机会。接下来我们将分别介绍五子棋的进攻和防守。

## 3.3 五子棋的进攻

双方在对局时，黑白双方会不断地进行进攻和防守，不停地攻防转换，最终形成连五获胜。下棋时，我们不能只考虑进攻，也不能只考虑防守，进攻和防守相辅相成，进攻时需要有防守，防守时也需要考虑进攻。我们只有掌握了进攻和防守的基本要领和技巧，才能更有效地进行攻防转换。

进攻是五子棋取得胜利的关键，进攻意味着积极寻求机会，通过合理的落子来控制局势，并努力使自己的棋子形成有利的组合。成功的进攻需要观察局势，采取有效的策略来组织进攻。

## 3.3.1　直接进攻和间接进攻

五子棋的进攻方式可以分为直接进攻和间接进攻。直接进攻是指通过直接落子发起攻击，例如通过连续冲四或冲三来控制局势。这种进攻方式通常可以在短时间内形成有利的局面。而间接进攻则需要通过对局势的深入分析和判断，选择合适的落子点，以间接地创造进攻机会。间接进攻通常需要更长的时间和更多的策略思考，但也更容易打破对手的防线。

例如，在下图的棋形中，第 11 手该黑棋下棋。通过棋形可以看出，黑棋在斜线有一个跳活二黑棋 9–5，所以黑棋可以采取直接进攻，将棋子落在 A 点形成活三。

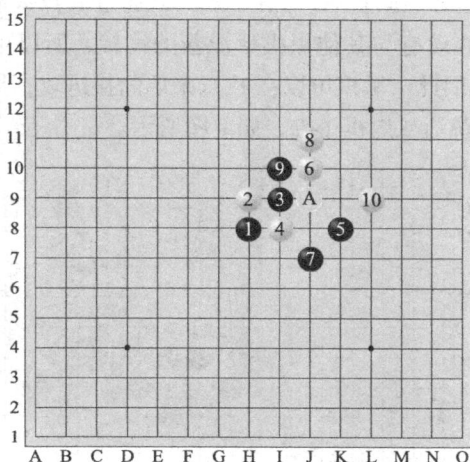

五子棋的进攻

当黑棋 11 下在 A 点后形成了活三，白棋 12 只能在 B 点或 C 点阻拦。对于白棋方，虽然在 B 点和 C 点都可以形成一个跳活二，但是如果在 B 点阻拦，黑棋在 C 点可以冲四，同时形成一个新的活二。所以白棋应在 C 点防守，如下图所示。

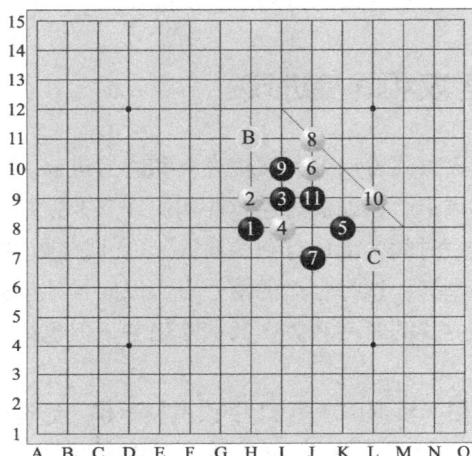

黑棋 11 直接进攻

当白棋 12 在 C 点阻拦后，黑棋 13 可以通过 B 点采取直接进攻成形冲四，但黑棋 13 没有与其他黑棋形成新的连接，所以可以考虑采取间接进攻的方式。因此，黑棋可以在 D 点采取间接进攻，形成一个跳眠三黑棋 11-7-D 和跳活二黑棋 1-D，如下图所示。

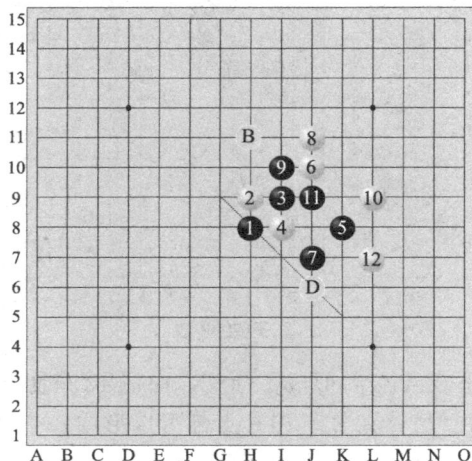

黑棋 13 间接进攻

## 3.3.2 进攻的时机选择

初学者刚开始很难掌握进攻的时间，通常只要有活二就冲活三，有了三就冲四，而不管进攻的结果如何。这样往往会出现进攻后就只能被动地防守。

实际上，我们在进攻前需要先规划好进攻路线，要能形成连续进攻，尽量不给对方防守反击的机会。当无法通过直接进攻取胜时，可以采取间接进攻，通过做棋为下次进攻准备。

五子棋进攻的时机选择需要综合考虑局势、对手的棋型和布局、自己的资源和策略等因素。只有在合适的时机采取合适的进攻方式，才能有效地控制局势并获得胜利。我们在选择进攻时，要考虑以下几点。

（1）局势的判断。进攻之前需要对当前的局势进行判断，包括布局、自己的棋型以及对手的可能反应等。要明确自己的进攻目标，同时也要考虑对手的反击和可能的变化。

（2）进攻点的选择。选择进攻点时，需要找到对手的弱点，只有这样才更容易获得胜利。

（3）进攻节奏的掌握。进攻的节奏要适当，不能过于急躁或过于保守，需要根据对手的反应和局势的变化来调整节奏。

（4）是否能组合攻击。组合攻击是五子棋中一种非常有效的进攻方式。通过利用多个棋形成组合攻击，可以同时控制多条线路，给对手带来很大的威胁，这样赢棋的机会也更大。

（5）进攻时要兼顾防守。在进攻的过程中，需要注意自己的防守。要时刻关注对手的棋型和布局，及时发现自己的漏洞并采取措施进行弥补。同时也要注意防止对手的反击和潜在的威胁。

例如，下页图中黑棋已经有两个活二，分别是7–3和11–9。白棋有一个活二12–4。轮到黑方下棋，黑棋可以选择通过活二形成活三直接进攻，也可以阻挡白方的活二。这一步究竟是要进攻还是防守呢？如果进攻，是否能一鼓作气获取胜利？

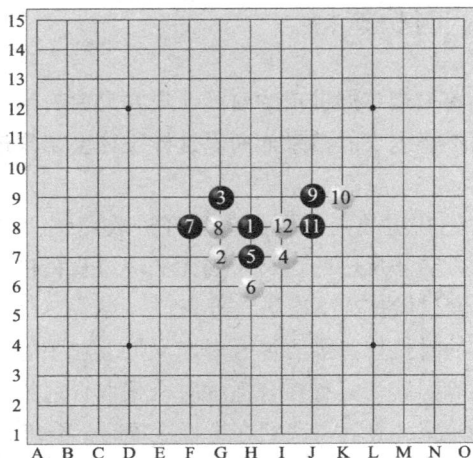

进攻时机的选择

我们先分析黑棋方直接进攻，看是否能直接取胜。黑棋 13 下在 A 点形成活三 A-3-7，同时形成跳眠三 5-1-A 和活二 A-11，如下图所示。

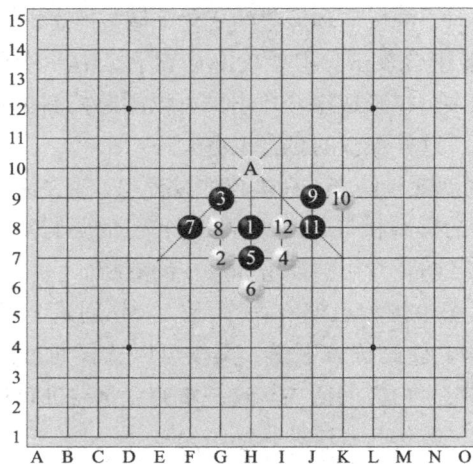

进攻时机的选择

　　由于黑棋已经通过活三进攻，白棋只能在活三 13-3-7 的两边 B 点或 C 点阻拦。无论白棋在哪一点阻拦，都无法形成直接进攻，黑棋可以继续进攻，如下图所示。

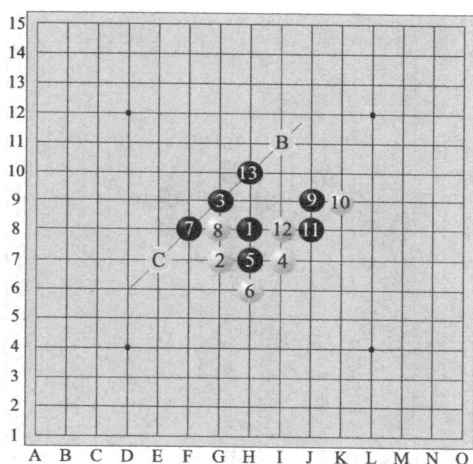

进攻时机的选择

　　假如白棋 14 在 B 点阻拦，黑棋在 D 点冲四，同时形成一个眠三9-D-3。此时白棋方只能在 E 点阻拦，如下图所示。

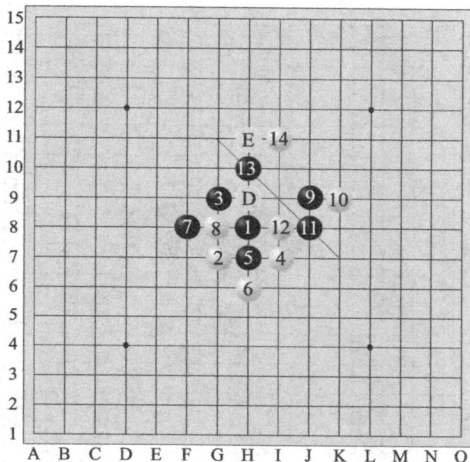

进攻时机的选择

黑棋 15 冲四后，形成的眠三 9-15-3 与眠三 13-11 共用了一个交叉点 F。所以白棋 16 阻拦后，黑棋下一手只要在 F 点落子，即可通过四三获胜，如下图所示。

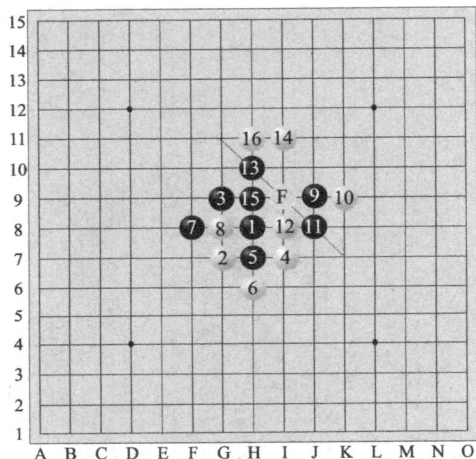

进攻时机的选择

接下来我们再来分析假如第 13 手黑棋没有在 A 点直接进攻，而是在下图所示的 B 点阻拦白棋的活二，是否能快速取胜呢?

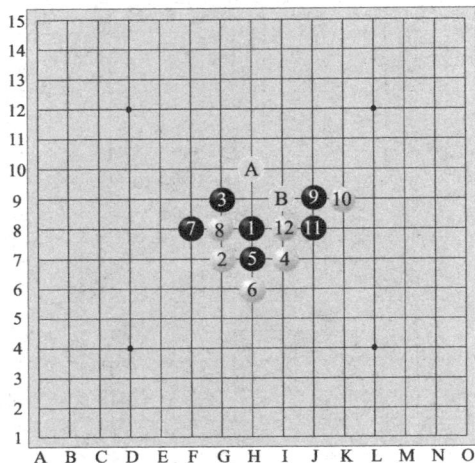

进攻时机的选择

当黑棋 13 下在 B 点后，形成了活二 13–11，该活二与已有的活二 7–3 共用一个交叉点 A 点，如下图所示。如果黑方在 A 点落子，将形成双三棋形，属于黑方的禁手点，所以白棋可以不用在 A 点阻拦，而是在 C 点阻拦黑棋下一步冲四。

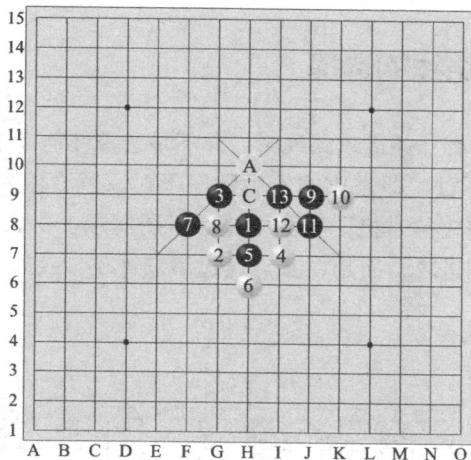

进攻时机的选择

当白棋 14 阻拦后，同时形成了新的活二 14–12，黑方可在下方的 D 点阻拦，同时形成活三，如下图所示。下一步白棋方阻拦后，黑棋方已无法通过连续进攻获取胜利。

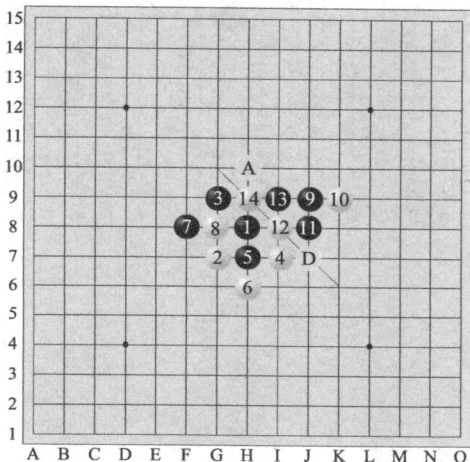

进攻时机的选择

通过上面的分析可以看出，如果我们不能及时看清楚进攻路线，将会贻误进攻时机，甚至会被对方反攻，错失赢棋的机会。所以黑棋 13 的落点至关重要，如果第 13 手黑棋没有落在 A 点，而是在其他位置，我们将无法通过直接进攻取胜。

### 3.3.3 进攻路线的选择

当我们同时有几条进攻路线时，并不是选择任何一条进攻都行，如果进攻的线路不对，即进攻的先后顺序不对，就会浪费获取胜利的机会。例如在"进攻的时机"案例中（如下图所示），如果第 15 手不是在 D 点通过冲四进攻，而是在 E 点通过活三进攻，效果会怎样呢？

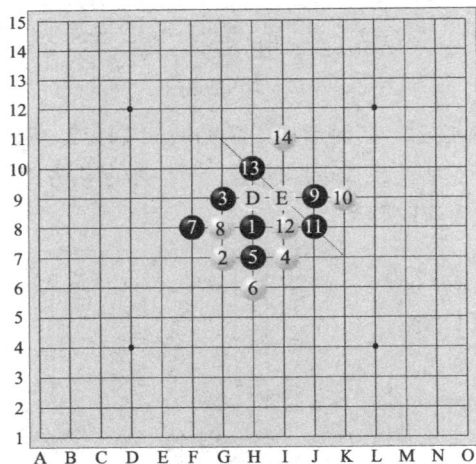

进攻路线的选择

如果黑棋 15 下在 E 点形成活三 13–15–11，白棋方可在 F 点阻拦，同时形成一个活二 F–14，如下图所示。

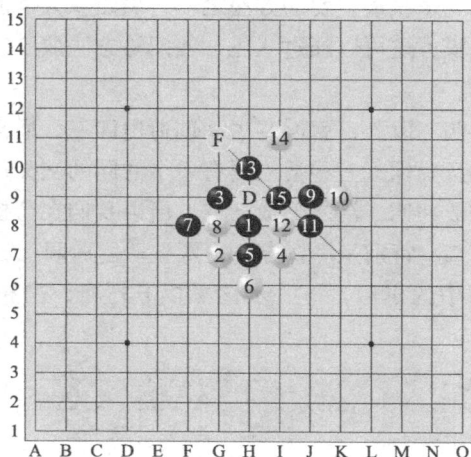

进攻路线的选择

此时，D 点变成了黑棋的四四禁手点，所以黑棋方只能通过其他点进攻，但已经错失了连续进攻通过四三获胜的机会，如下图所示。

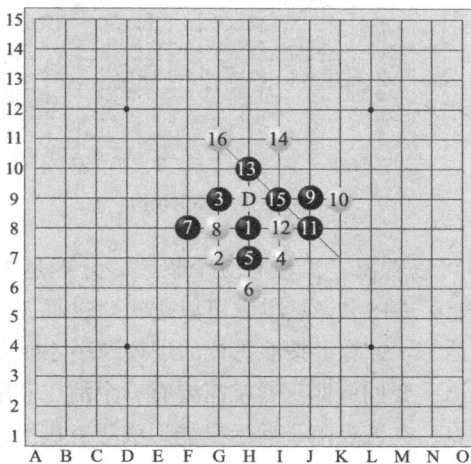

进攻路线的选择

### 3.3.4　创造四三获胜

四三取胜是五子棋最主要的方法之一，黑白双方都能四三取胜。除四三取胜外，白棋方还可以通过三三、四四等方法取胜，但黑棋方就只能通过四三取胜。

如果要通过四三取胜，就需要主动创造出四三。通常需要创造一个眠三和活二，并且确保眠三与活二要有一个共同的交叉点，在该点落子后，能使眠三变成冲四，活二形成活三。所以我们在行棋时，要有意识地创造眠三和活二，特别是黑棋方，更要主动创造四三。

例如，下图中的棋形，下一步该黑棋方行棋，黑棋怎样才能创造四三获胜呢？

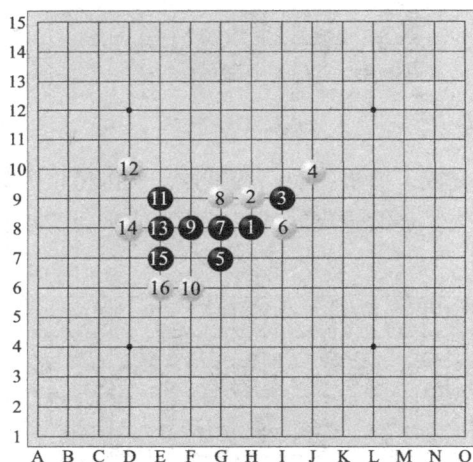

创造四三获胜棋形示例

从示例图中可以看出，黑棋有 2 个眠三，分别是 15-13-11 和 11-9-5，还有 1 个跳活二 15-5。黑棋方可以选择通过眠三冲四，也可以选择通过活二形成活三。究竟要按照怎样的进攻顺序才能创造出四三呢？

我们已经知道，要创造四三通常需要有一个活二和眠三，并且得有一个共同的交叉点，在该点落子后活二能形成活三棋形，眠三能形成冲四棋形。所以需要通过主动进攻去创造一个活二。

　　根据棋形可以看出，如果能创造一个与黑棋 7 组成的活二，就有机会与眠三 15–13–11 在 A 点形成四三，如下图所示。

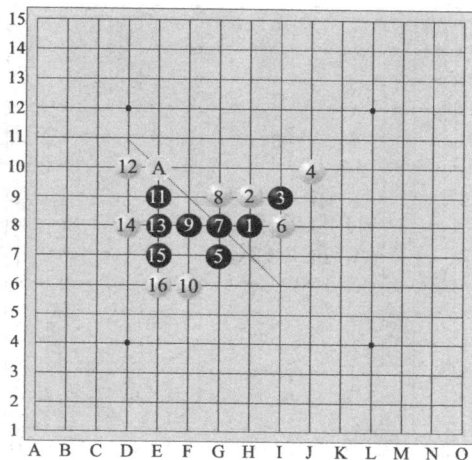

创造四三棋形分析

　　为了能创造一个与黑棋 7 组成的活二，可以在下图所示的 B 点进攻，通过已有的活二形成活三 15–5–B，同时形成新的活二 7–B。当黑棋在 B 点落子后形成了活三，白棋只能阻拦，所以白棋下一步不会破坏形成的活二（见下图）。

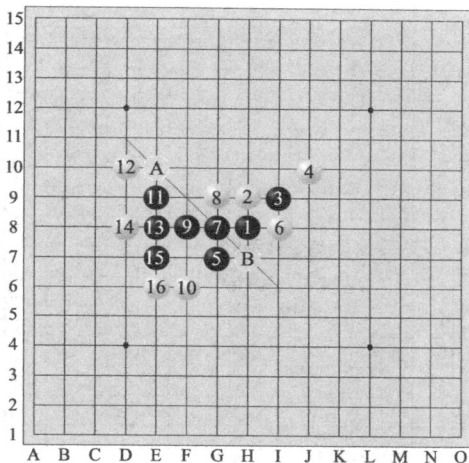

创造四三棋形分析

当黑棋 17 在 B 点下棋后，白棋方可以在 C、D、E 三个点进行阻拦，无论在哪一个点阻拦，白棋方无法形成有威胁的反攻，如下图所示。

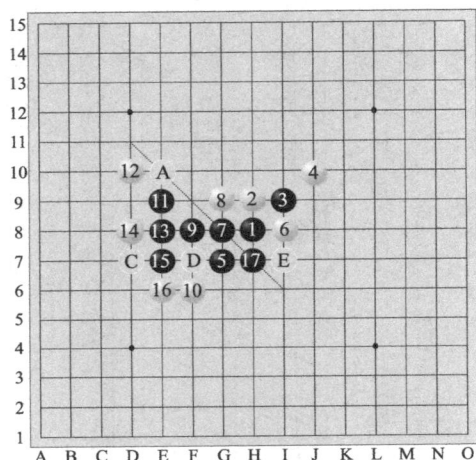

创造四三棋形分析

假设白棋 18 在 C 点阻拦，同时形成活三 12–14–18，并有机会下一步通过 F 点形成四三棋形。由于黑棋已经做了四三棋形，可以不用理会，黑棋 19 直接在 A 点冲四，并形成新的活三 19–7–17。此时，白棋已经无法阻止黑棋获胜，如下图所示。

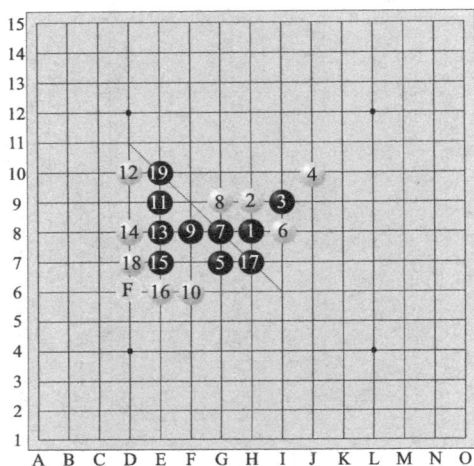

创造四三棋形分析

## 3.3.5 创造三三获胜

对局时，对白棋的获胜方式没有限制，只要能形成连五，或者能让对方出现禁手，都可以获胜。下面将介绍白棋通过创作三三获胜的方法。

我们在前面已经清楚了双三棋形，要想创造双三棋形，就必须要有2个活二，并且存在一个交叉点，当在该交叉点落子后，这2个活二同时形成了活三。由于对方无法同时防守两个活三，下一步可以通过活四取胜。

例如，下图中的棋形下一步该白棋方行棋，白棋怎样才能创造三三获胜呢？

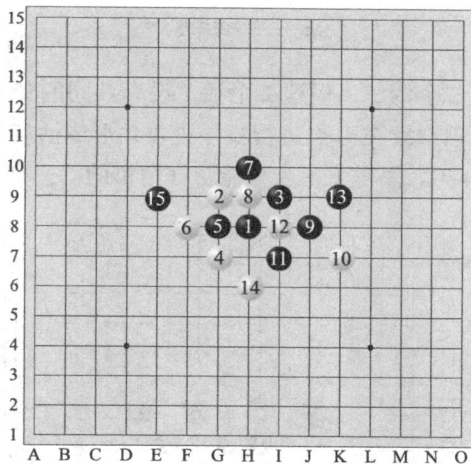

创造三三获胜棋形示例

通过棋形可以看出，白棋有一个眠三 6-4-14，1 个活二 8-12。要想通过三三获胜，就还需要创造 1 个活二，并且新创作的活二与已有的活二 8-12 要有交点，且该点能使这 2 个活二同时形成活三。

因此，下一步白棋不能先通过活二 8-12 进攻，只能通过眠三进攻。白棋 16 可在 A 点冲四，同时形成一个新的活二 A –10。黑棋只能在 B

点被动防守，如下图所示。

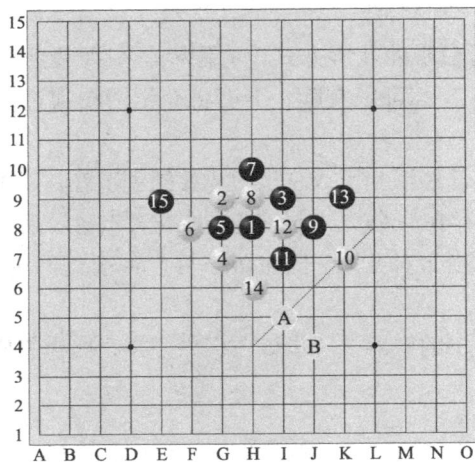

创造三三获胜棋形分析

　　白棋虽然有 2 个活二，但这 2 个活二没有共同的交叉点，无法形成双三。接下来可以继续在 C 点进行直接进攻，形成活三 16-C-10，以及形成新的活二 14-C。黑棋下一步只能防守白棋的活三，如下图所示。

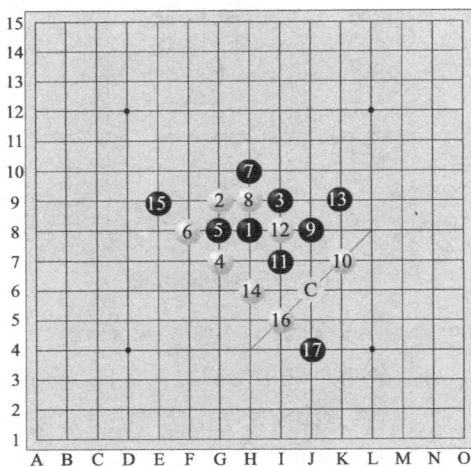

创造三三获胜棋形分析

　　白棋 18 进攻后，黑棋只能在 D 点或 E 点防守。如果在 D 点防守，只形成了一活二 D-17，如果在 E 点防守，也只形成了一个活二 13-E，无论黑棋在哪一点防守，都没有形成直接反攻机会，如下图所示。

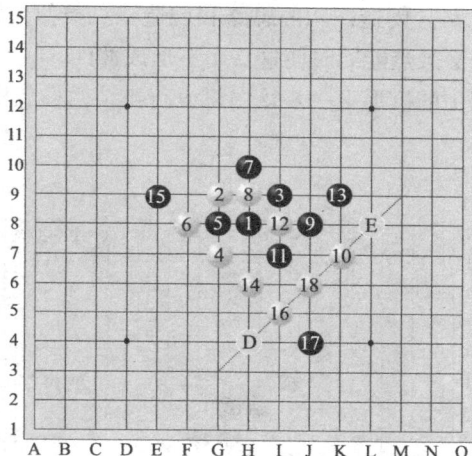

创造三三获胜棋形分析

　　黑棋防守后，白棋可以在 F 点进攻，同时形成 2 个跳活三，一个是 14-18-F，另一个是 8-12-F。形成三三棋形后，由于黑棋没有机会通过连续冲四形成四三，已无法阻止白棋获胜，如下图所示。

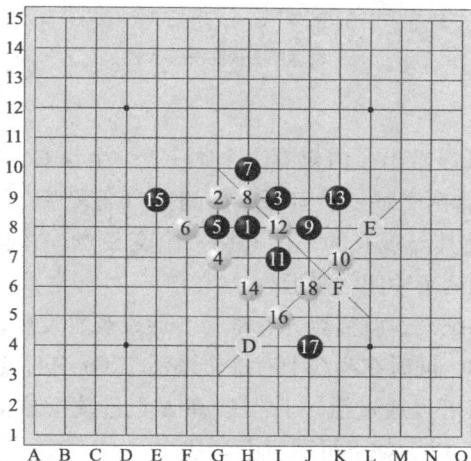

创造三三获胜棋形分析

### 3.3.6 创造四四获胜

了解白棋创造三三获胜的方法后，接下来我们继续了解白棋怎样创超四四获胜的思路。创造四四的思路和创造三三类似，即需要先创造 2 个三，并有一个交叉点能同时使这 2 个三形成冲四。

例如，下图中的棋形下一步该白棋方行棋，白棋怎样才能创造四四获胜呢？

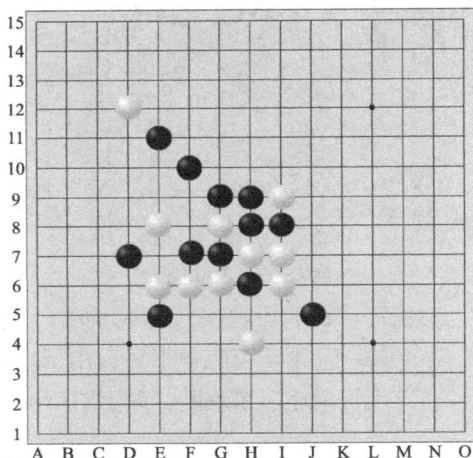

创造四四获胜棋形示例

通过棋形可以看出，白棋有 2 个眠三，一个是 G6-F6-E6，另一个是 I6-H7-G8。这两个眠三没有可共用的空白交叉点，所以需要创造另外一个眠三，使其与现有的三能共用一个交叉点，并且在交叉点落子后，能同时出现两个冲四的棋形。

要创造一个眠三，就需要先有眠二。通过观察发现，在竖线上有一个跳眠二 E6-E8，同时在阴线上有一个跳活二 F6-H4，这两个二有一个交叉点 A。所以可以通过活二 F6-H4 在 A 点进攻形成活三，同时创造一个眠三 E6-E7-E8，如下页图所示。

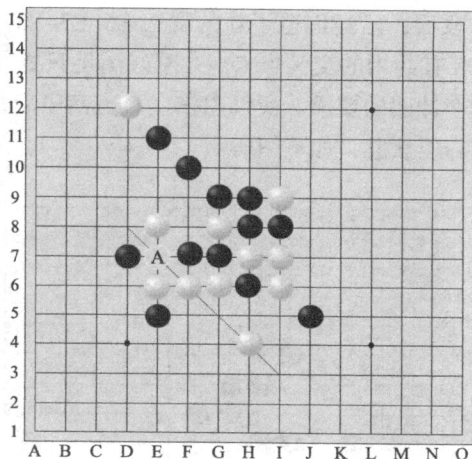

创造四四获胜棋形分析

　　当白棋在 A 点进攻后，对方只能被动防守白棋方的活三，比如防守在 B 点，由于黑棋方防守后没有形成有效的反击，白棋可以继续进攻，如下图所示。

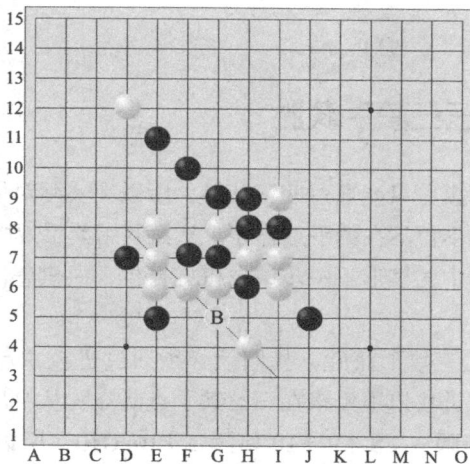

创造四四获胜棋形分析

　　白棋通过进攻后，已经创造了新的眠三 E6–E7–E8，该眠三与已有的眠三 I6–H7–G8 有共用的交叉点 C，并刚好满足只要在 C 点下一枚白棋，即可形成两个冲四的要求。所以白棋在 C 点落子后，形成了四四棋形，已无法阻止白棋获胜，如下图所示。

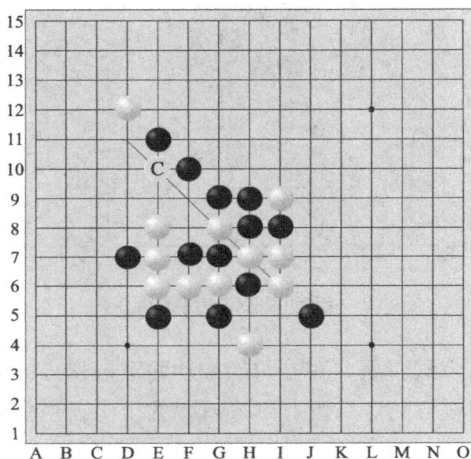

创造四四获胜棋形分析

## 3.3.7 利用三三禁手获胜

　　根据规则黑棋方只能通过四三获胜，所以在实际对局时，白棋可以通过做棋逼黑棋不得不在禁手点防守，从而利用禁手规则获胜。

　　例如下页图中的棋形下一步该白棋方行棋，白棋怎样才能利用三三禁手获胜呢？

　　要想通过三三禁手获胜，我们就必须通过进攻主动为黑棋创造活二，然后再通过进攻逼迫黑棋在三三禁手点防守。从给出的棋形可以看出，白棋有 1 个眠三 F8–F9–F10 和活二 F10–G10，所以可以通过眠三和活二直接进攻。

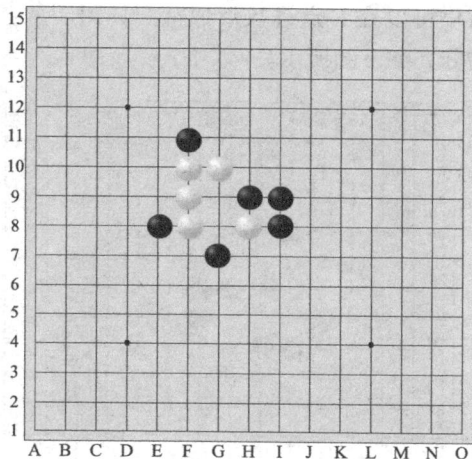

利用三三禁手获胜棋形示例

通过观察可以发现，黑棋有一个活二 I8-I9，经过 A 点的阴线上有一枚黑棋，并且在 B 点与白棋眠三所在的阳线交叉。所以白棋可以先在 C 点冲四，让黑棋在 B 点落子，形成一个新的活二。形成活二后，A 点变成了黑棋的禁手点，然后再想法通过进攻让黑棋在 A 点防守，如下图所示。

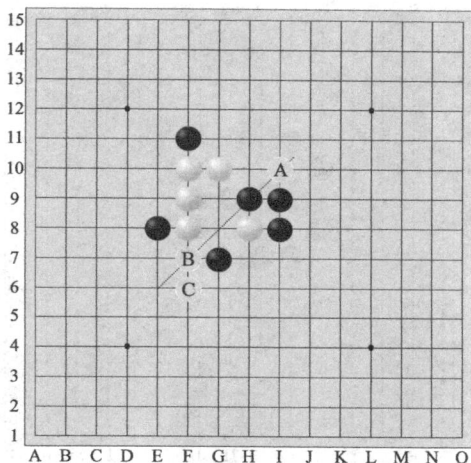

利用三三禁手获胜棋形分析

接下来，白棋可以在 E 点进攻形成活三，由于 A 点是禁手点，黑棋只能在 D 点防守，如下图所示。

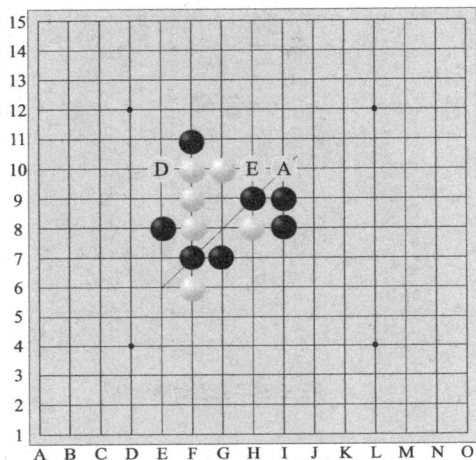

利用三三禁手获胜棋形分析

黑棋在 D 点防守后，白棋可以在 F 点进攻形成冲四，此时黑棋只能在 A 点防守。由于 A 点是黑棋的禁手点，白棋利用禁手规则获胜，如下图所示。

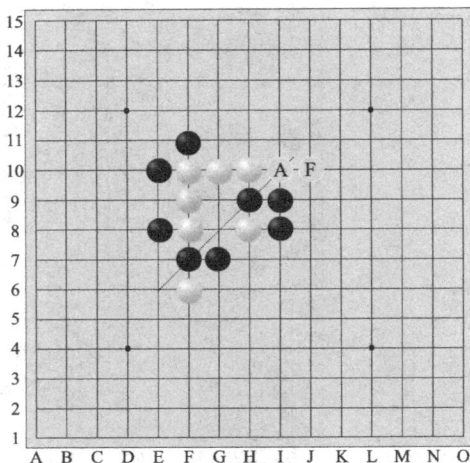

利用三三禁手获胜棋形分析

## 3.3.8 利用四四禁手获胜

白棋不但可以利用三三禁手获胜，也可以利用四四禁手获胜。我们已经清楚了利用三三禁手规则赢棋的方法，接下来介绍如何利用黑棋的四四禁手点获胜。

利用黑棋四四禁手获胜的思路和利用三三禁手类似，我们需要通过进攻先给黑棋创造出 2 个三，然后通过进攻逼迫黑棋在这 2 个三的四四禁手点防守，从而达到获胜的目的。

例如，下图中的棋形下一步该白棋方行棋，白棋怎样才能利用四四禁手获胜呢？

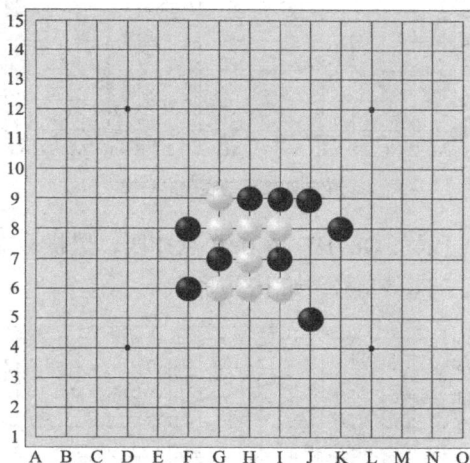

利用四四禁手获胜棋形示例

要想通过四四禁手获胜，我们就必须通过进攻主动为黑棋创造三，然后再通过进攻逼迫黑棋在四四禁手点防守。从给出的棋形可以看出，白棋有 3 个眠三（H6–H7–H8、G6–H6–I6 和 G8–H7–I6），所以可以通过眠三直接进攻。

根据白棋的进攻方向来看，只能从右边黑棋的活二 F6–F8，以及下方的 J5 着手考虑给黑棋创造 2 个三。活二 F6–F8 和 J5 所在的线在 A 点交叉，如果能先给黑棋在这两条线上创造出活三，然后再逼迫黑棋在 A 点防守，即可利用四四禁手规则获胜，如下图所示。

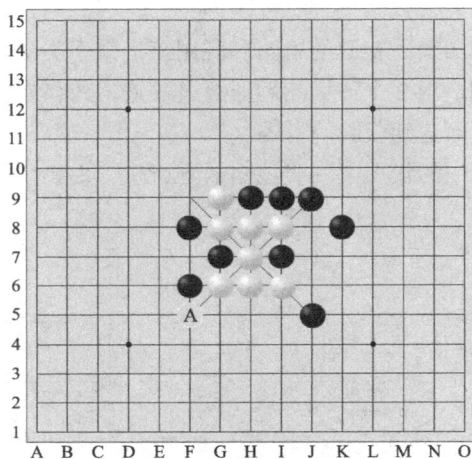

利用四四禁手获胜棋形分析

白棋可先通过眠三 G8–H7–I6 在 B 点冲四，黑棋只能在 C 点防守，同时形成一个活三 F6–F8–C，如下图所示。

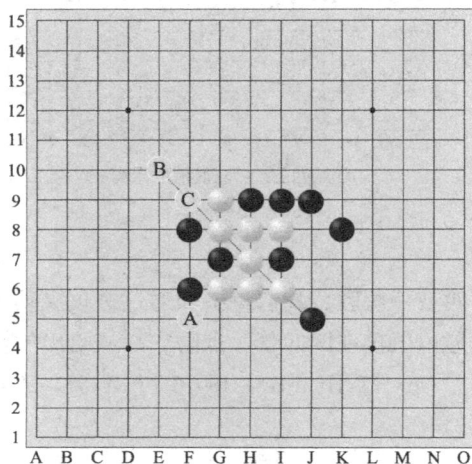

利用四四禁手获胜棋形分析

接着通过眠三 H6–H7–H8 在 E 点冲四，黑棋只能在 D 点防守，同时形成一个活二 D–J5，需要继续将该活二变成活三，如下图所示。

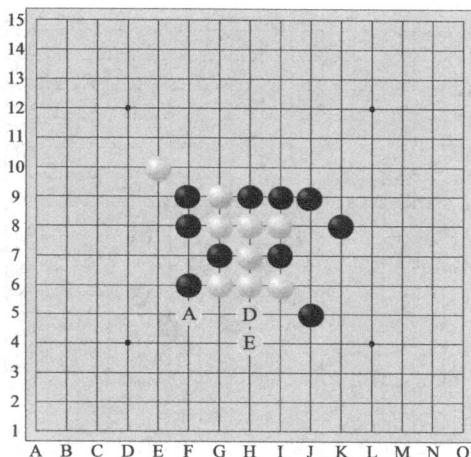

利用四四禁手获胜棋形分析

接着通过眠三 G6–H6–I6 在 F 点冲四，同时形成一个新的活二 F–H4，黑棋只能在 G 点防守，如下图所示。

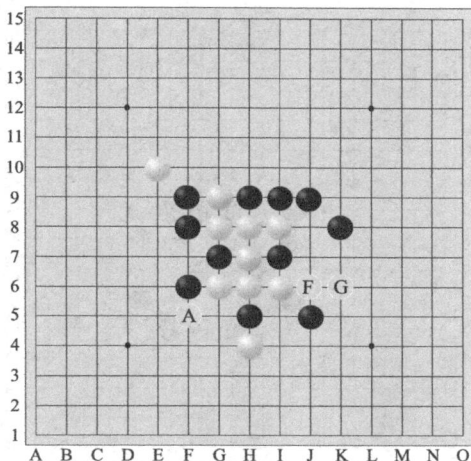

利用四四禁手获胜棋形分析

接着通过活二 F-H4 在 I 点进攻，诱使黑棋在 H 点落子防守活三，从而给黑棋创造出双活三。实际上黑棋此处可以不用防对方的活三，通过活三冲四，变被动为主动，如下图所示。

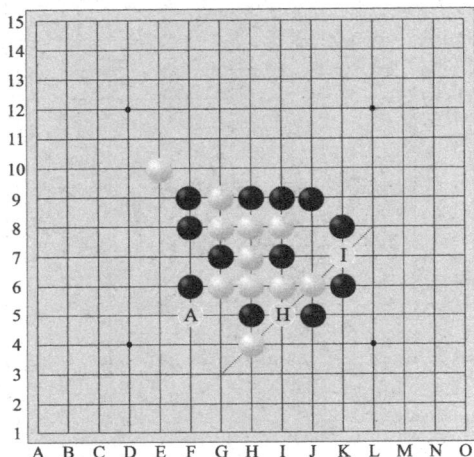

利用四四禁手获胜棋形分析

当黑棋在 H 点落子后，已经为黑棋创造了 2 个活三，所在的两条线在 A 点相交。接下来只需要通过眠三 G6-H7-I8 在 J 点冲四，黑棋只能在 A 点防守。由于 A 点是黑棋的禁手点，白棋利用禁手规则获胜，如下图所示。

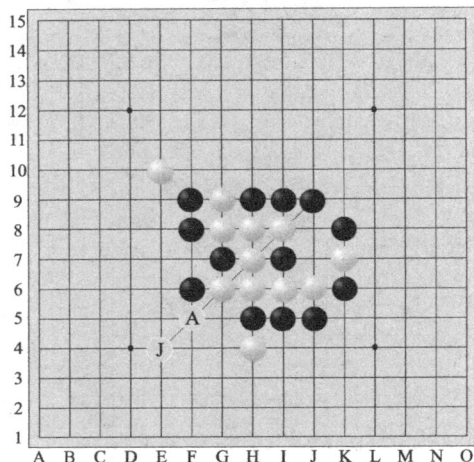

利用四四禁手获胜棋形分析

# 3.4 五子棋的防守

　　五子棋对局中，进攻是核心。当一方进攻时，另一方就不得不防守，通过防守保护自己的棋子，为进攻做好准备，同时阻止对方获胜。

　　通常防守时需要注意对方棋子的布局和可能的进攻路线，尽可能地限制对方的发展，同时也要保持自己的棋子连接顺畅，以便在合适的时候进攻。防守和进攻是相辅相成的，只有做好防守才能更好地进攻，而进攻又可以为防守创造更好的条件。只有掌握好防守和进攻的平衡，才能取得胜利。

　　防守时需要注意以下几个要点：

　　第一，防对方的活三。对方要进攻，就需要有活三。因此，在防守时，要抢占对方的活三要点，并尽量减少对方棋子形成活二的数量，以阻止对方连续进攻。如果有多个活二，防守时应该优先防守阴线上的活二，因为阴线上活二拓展的线路比阳线更多。这样可以更好地控制局面，保护自己的棋子并破坏对方的进攻。

　　第二，防对方的进攻点。对方的进攻点就是己方的防守点，因此，在防守时，首先要尽量阻止对方朝着更大的空间发展，同时也要阻止对方形成更多的连接。这样可以有效地保护自己的棋子，并破坏对方的进攻策略。

　　第三，当对方做棋时主动反击。在对方希望通过连续进攻做棋时，可以根据自己的棋形选择冲四反击，通过反击主动占据对方的进攻点，从而变被动为主动，打乱对方的进攻节奏和布局。这样做可以有效地破坏对方的进攻策略，保护自己的棋子，并为自己创造更好的局面。

　　第四，当对方无威胁时要主动做棋。当我们判断对方目前还无法通过直接攻击取得胜利时，我们应该利用这个机会先做好自己的棋局，让自己的棋子之间有更多的连接，为后续的进攻做好铺垫；而不是仅仅看到对方的活二就立刻进行防守，因为这样的防守可能会打乱自己的进攻节奏，同时也会给对方提供更多的机会。

## 3.4.1  五子棋防守的技巧

五子棋的防守技巧主要包括避免被对方形成活三、破坏对方棋形、抢占进攻点、做好连接、不要轻易防守活二以及灵活调整防守方式。这些技巧可以有效地限制对方的进攻，保护自己的棋子，并为自己创造出进攻机会。在防守时，需要注意观察对方可能的进攻路线，以及自己的棋子布局和连接情况，灵活运用各种技巧，以达到最佳的防守效果。

防守的常见技巧有缠、镇、断等，下面将分别介绍。

### ● 技巧一：缠

"缠"通常指的是贴身防守的技巧，是在对方有可能形成活三或冲四的地方放置自己的棋子，以限制对方棋子的活动空间，破坏对方的进攻棋形。

下图给出常见定式中白 6 是怎样缠黑 5 的，我们可以从这些定式中体会缠的真谛。

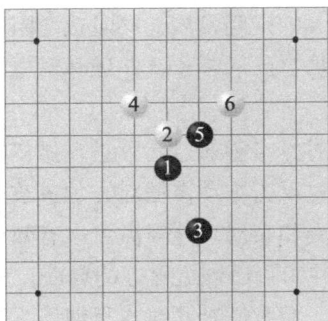

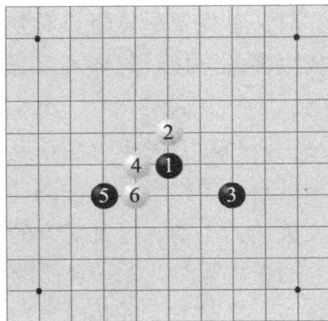

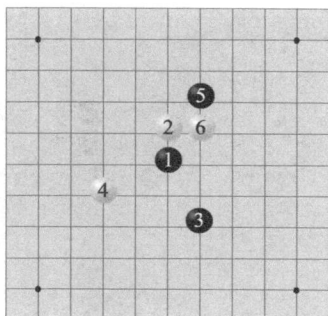

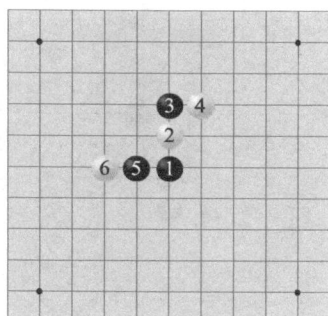

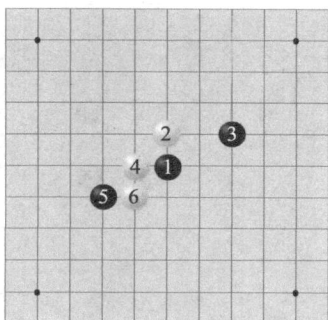

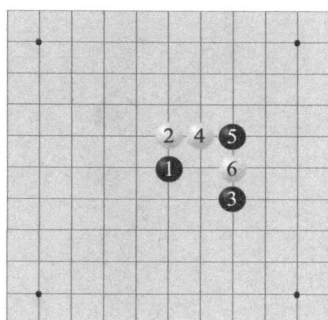

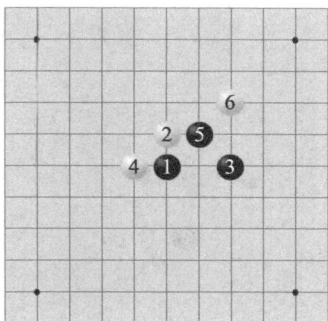

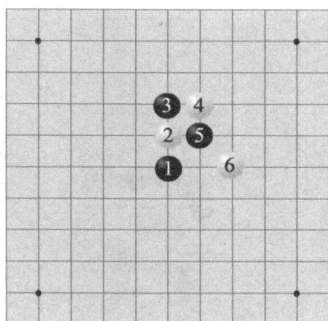

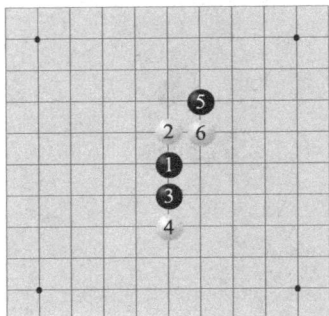

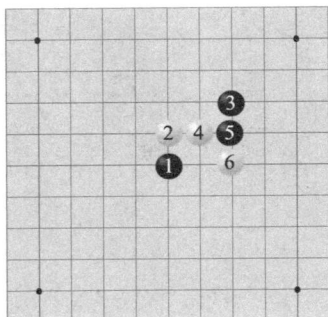

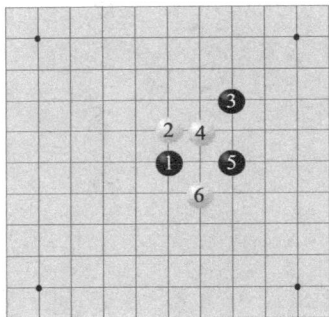

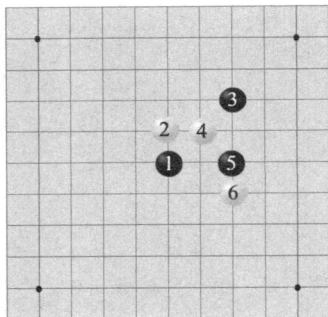

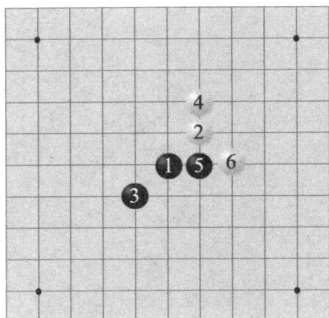

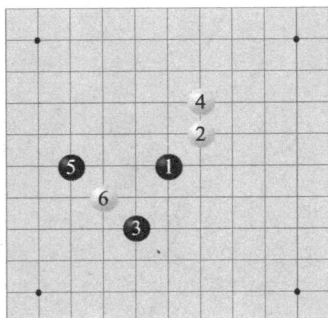

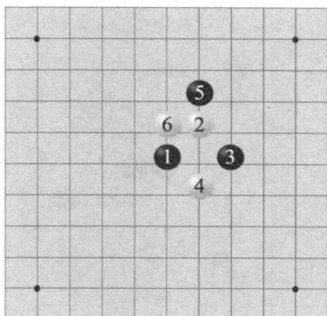

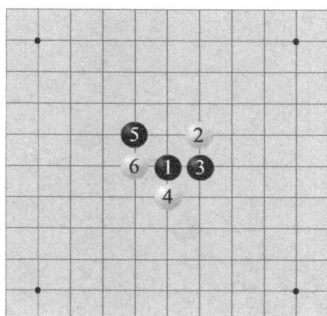

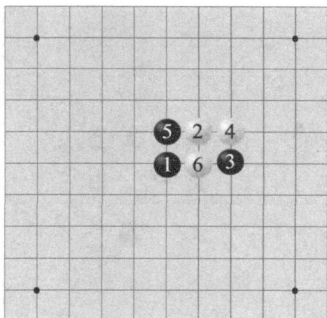

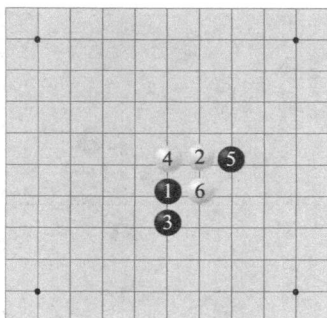

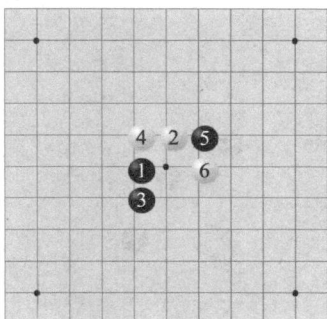

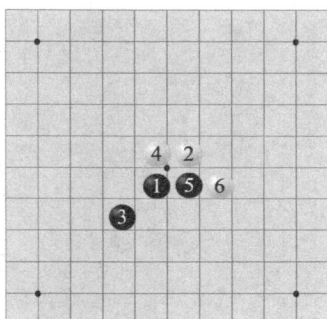

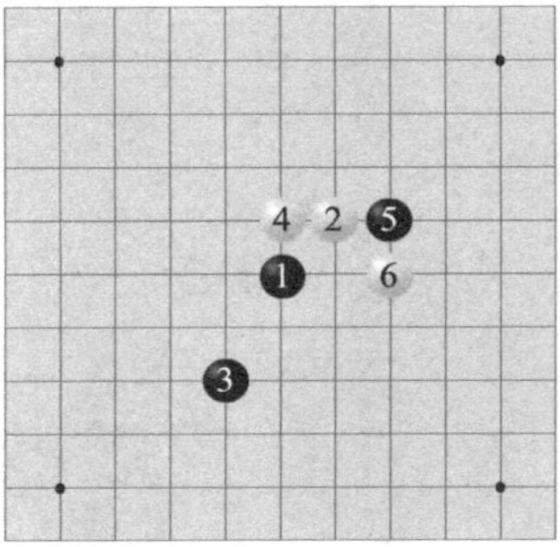
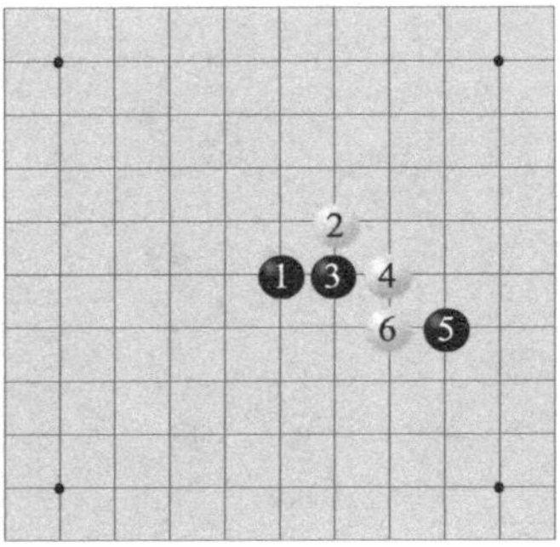
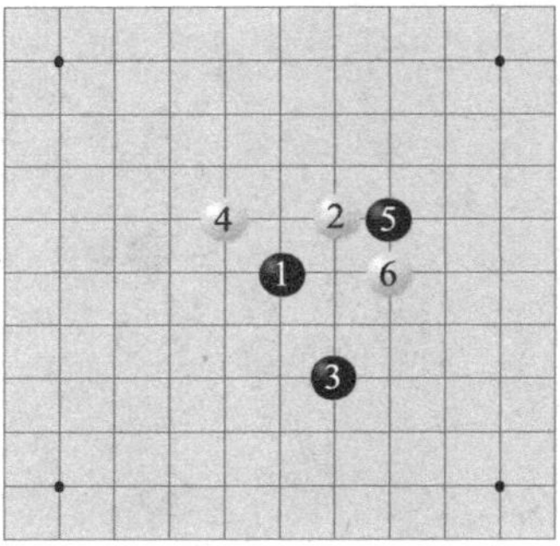
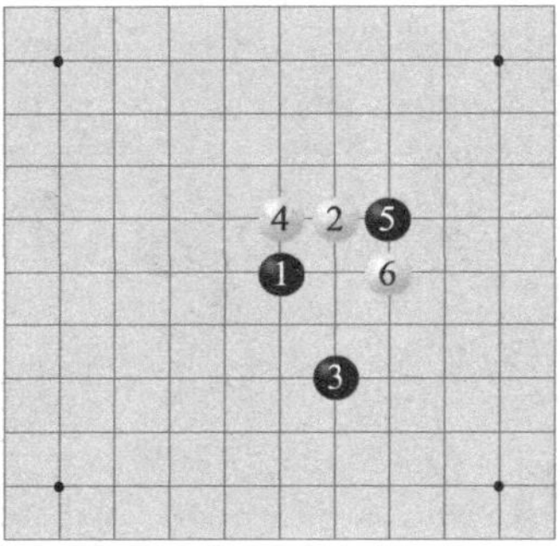
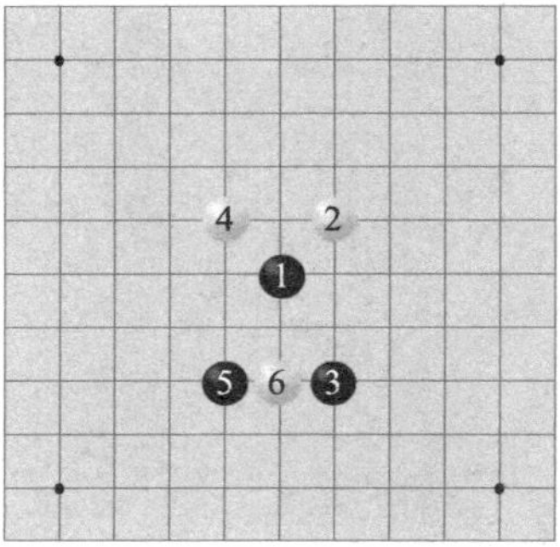
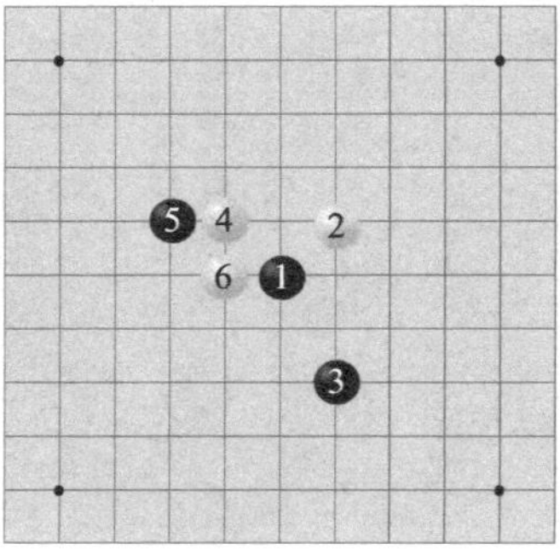

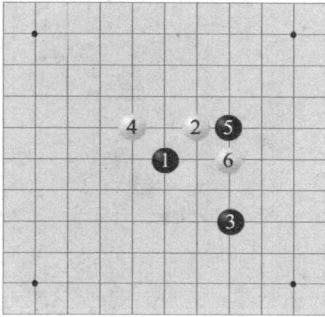

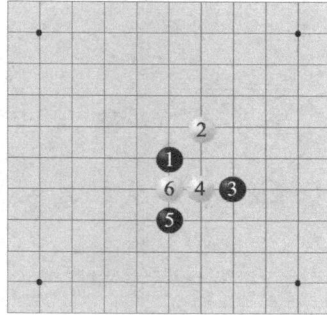

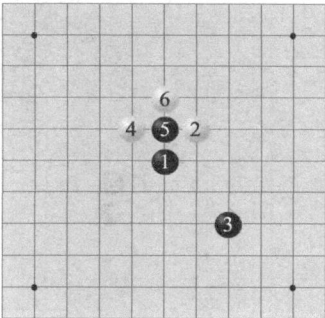

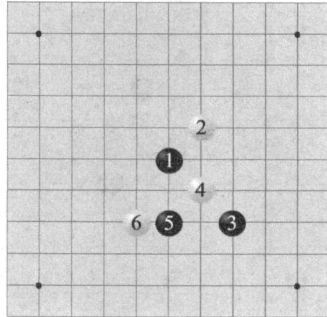

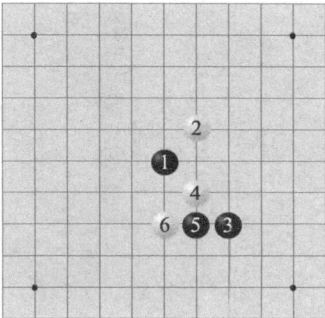

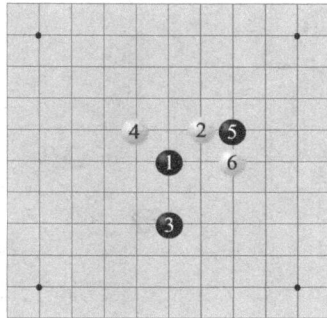

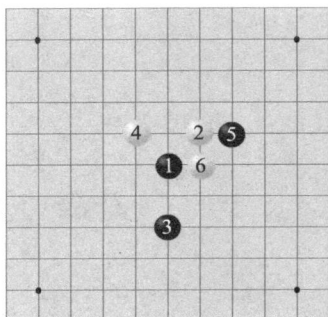

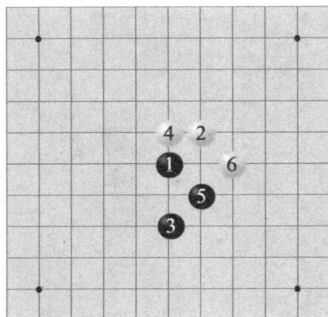

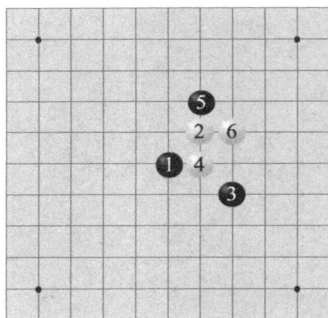

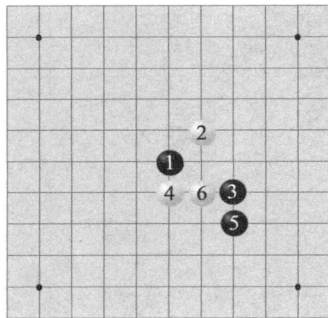

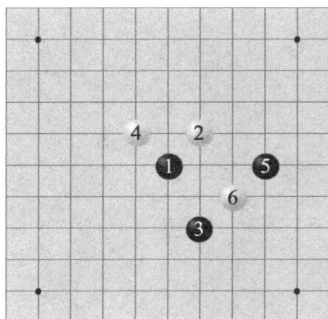

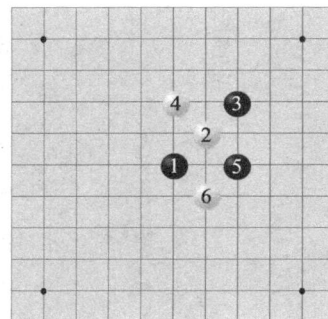

## ◎ 技巧二：镇

　　"镇"通常指的是在对方棋子间隔一路的上方处放置自己的棋子，以阻挡对方棋子发展，攻击对方薄棋，削减对方的势力。这是一种重要的防守技巧，可以在防守时有效地限制对方的进攻。

　　例如，下图中该白棋方行棋，黑棋 15 落子后，白棋 16 在什么地方防守比较好呢？

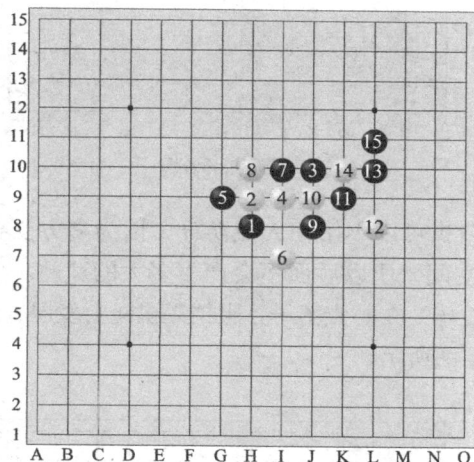

防守技巧分析示例

　　当黑棋 15 落子后，通常白棋会在 A 点防守，这样可以防止黑棋通过眠三 9-11-13 冲四，同时与黑棋 15 形成新的活二 15-A。当白棋在 A 点防守后，黑棋可以在 B 点做棋，形成一个新的眠三 11-3-B,这样黑棋顺利向上方拓展了发展空间，如下页图所示。

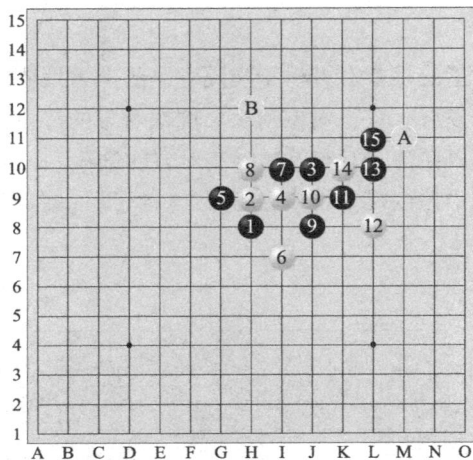

防守技巧分析

实际上，白棋可以不用在 A 点防守，因为右方受棋盘限制，黑棋没有多少发展空间，所以后面不会产生多大的威胁。此时，可以采取"镇"的防守技巧，在 C 点落子，阻挡黑棋向上发展，削弱对方在该方向的势力，如下图所示。

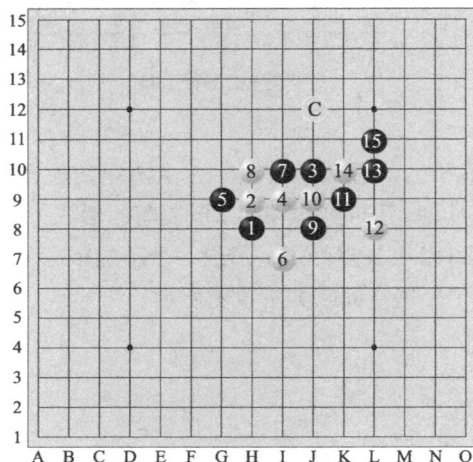

防守技巧分析

## ● 技巧三：断

"断"是一种非常重要的技巧，它指的是在对方棋子形成的结构中寻找断点，并有效地切断对方的棋子连接，以防止对方形成活三、活四或冲四等进攻形态。这种技巧可以在防守时破坏对方的进攻计划，同时也可以为自己创造进攻机会。

例如，下图中该白棋方行棋，黑棋 9 落子形成跳眠三后，白棋 10 在什么地方防守比较好呢？

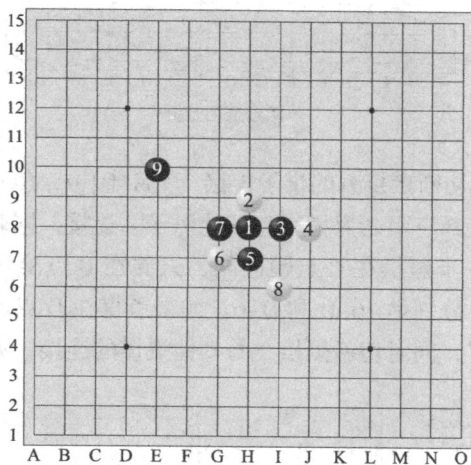

防守技巧分析示例

当黑棋 9 落子形成跳眠三后，白棋可以在下页图所示的 A 点或 B 点防守。如果从防守黑棋的发展方向来看，白棋在 A 点落子更能阻止黑棋向左上方拓展。但没有阻断黑棋 9 接下来与黑棋 7 的连接，黑棋接下来可以通过眠三 9-7-5 在 B 点冲四形成连接，也可以通过眠三 7-1-3 在 C 点跳冲四，与黑棋 9 形成连接。

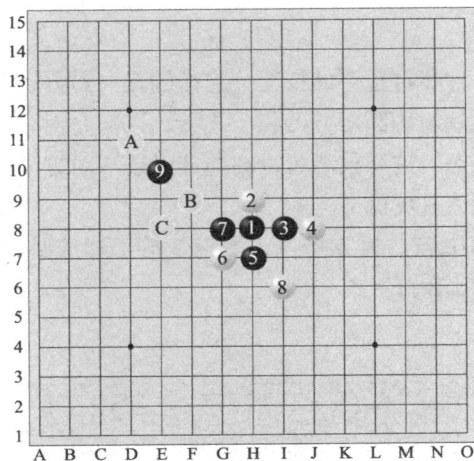

防守技巧分析

　　为了有效地切断黑棋方的棋子连接，实际上白棋 10 可以通过"断"的防守技巧，在 B 点阻断黑棋 9 与其他棋子的连接，同时形成新的活二 10-2。如果下一步黑棋在 C 点跳冲四，只要在 D 点防守即可，同时形成了 2 个活二，分别是 10-D 和 D-6。如果黑棋在 D 点冲四，白棋同样可以在 C 点防守，同时切断黑棋 9 与其他黑棋的连接，如下图所示。

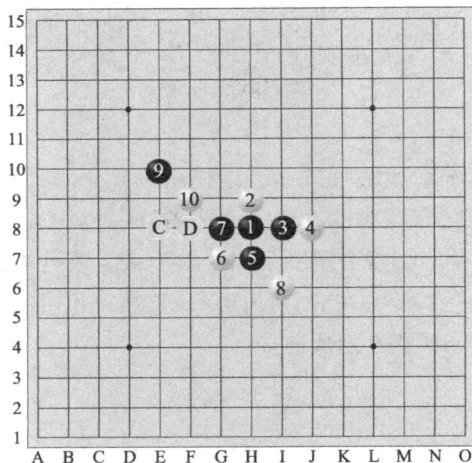

防守技巧分析

## 3.4.2　四三的防守

我们已经知道四三是五子棋对局时重要的获胜手段之一，特别是黑棋只能通过四三获胜。因此，对于白棋方来说，防守黑棋方的四三至关重要。为了有效地防守对方的四三，白棋方需要在对方即将形成四三之前进行防守。这就需要白棋方对不同的四三棋形有所了解，清楚不同棋形的优劣势，以及如何针对这些棋形进行有效的防守。

在防守对方的四三时，我们需要考虑在哪些点进行防守，以及不同防守点的效果。一般来说，对于连活三和跳活三等不同的四三棋形，防守的点会有所不同。连活三有两边相邻的防守点，而跳活三除了两边相邻的点外，还包括活三之间的交叉点。了解这些不同防守点的效果可以帮助我们更好地选择防守策略。

除了了解不同防守点的效果外，我们还需要注意防守的时机。在对方形成四三前进行防守是最佳时机，这样可以有效地阻止对方连续进攻，同时为自己的棋子带来更大的拓展空间。

例如，下图中该白棋方行棋，白棋应该怎样防守呢？

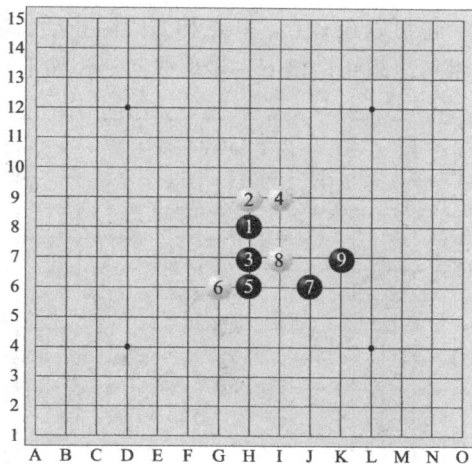

四三防守示例

由于黑棋已经有一个眠三 1-3-5 和一个活二 7-9, 并且眠三和活二在 A 点形成交叉点。如果我们不防守黑棋的四三, 下一步对方只要在 A 点落子, 即可四三获胜, 如下图所示。

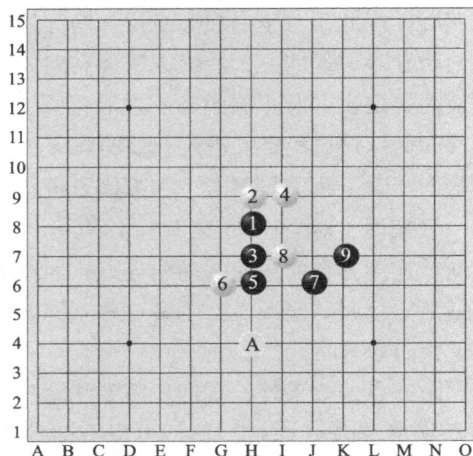

四三防守分析

实际上我们防守时只要能阻挡眠三冲四, 或者活二形成活三, 对方就将无法形成四三。所以白棋除了可以在 A 点防守外, 还可以在 B 点阻止眠三冲四, 也可以在 C 点、D 点和 E 点阻止活二形成活三, 只要在任一点落子, 都可以阻止白棋下一步形成四三, 如下图所示。

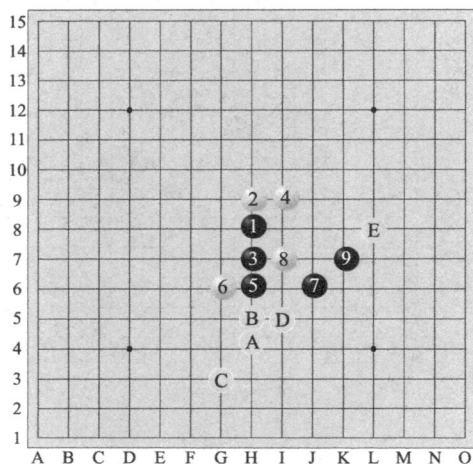

四三防守分析

我们已经清楚了四三的防守点不止一个，在实际对局中，并不是只有防守在四三点是最好的，也不是在其他任意一个点防守都可以。我们需要根据双方的棋形，分析各个防守点，选择对自己最有利的一个点进行防守。

例如，下图中该白棋方行棋，通过棋形可以看出，黑棋下一步可以在 A 点冲四活三，白棋在 A 点防守是否为最佳的选择呢？

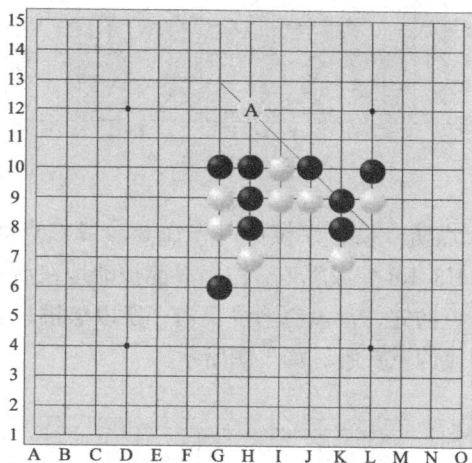

四三防守示例

通常，我们一旦发现对方的四三进攻点后，都会毫不犹豫地在该点防守。至于是否为最佳的防守选择，则不会进行考虑。对于初学者，能看清对方下一步形成四三进攻点已经很不容易，要看清对方不同的进攻路线就更加困难。所以我们要有意识地加强练习，不能只看眼前的一步棋，要纵观全局，分析自己和对手的棋形，快速计算出最佳防守和进攻点。

假设白棋在 A 点防守，虽然阻挡了黑棋的四三进攻，但是忽略了黑棋还可以在其他点继续进攻获胜。黑棋在阴线上还有两个活二，分别是 G10–H9 和 K9–L10，并且在横线上有一个眠二 H8–K8，如下页图所示。

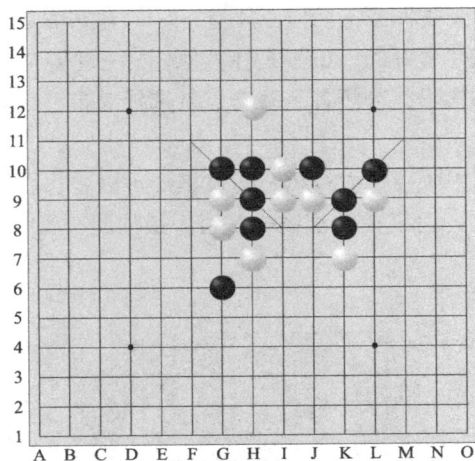

四三防守分析

当白棋在 A 点防守后，黑棋可以先在 B 点或 C 点通过活二形成活三，同时将眠二 H8–K8 变成眠三，白棋只能被动地在活三的两边防守。无论白棋在哪个点防守，都没有形成反击，所以黑棋只需在另一个活三点落子，即可形成四三获胜，如下图所示。

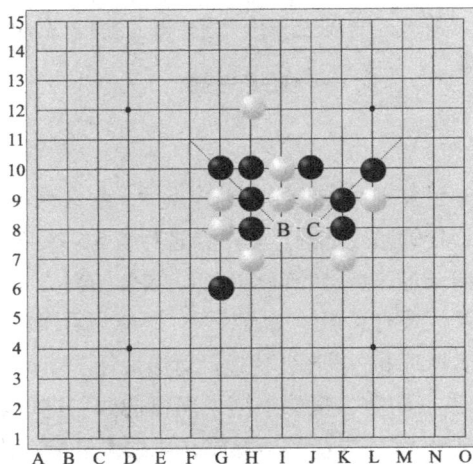

四三防守分析

通过分析可以看出，当白棋防守在 A 点，将无法阻挡黑棋继续进攻通过四三获胜。我们已经知道四三棋形的防守点不止一个，如果白棋在下图所示的 D 点防守，既可阻止黑棋下一步通过四三获胜，也可以达到阻止黑棋接下来通过活二 G10-H9 和 K9-L10 进攻形成四三的目的。

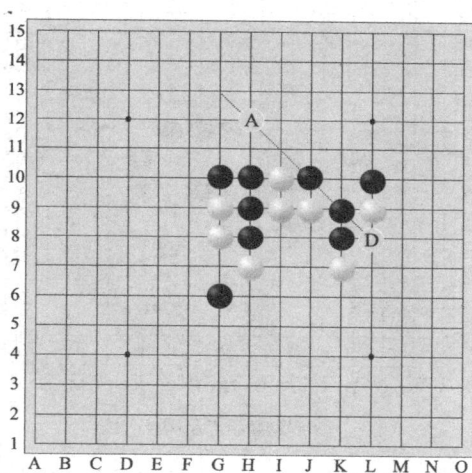

四三防守分析

## 3.4.3 躲避禁手点

根据规则，黑棋方只能通过四三获胜，所以白棋方可以充分利用禁手规则，通过做棋让对方不得在禁手点防守，从而达到赢棋的目的。对于黑棋方来说，如果能提前看出对方的意图，就可以提前防守，避免落入禁手点。

我们在"利用四四禁手获胜"案例中介绍了白棋通过通过做棋，逼黑棋在四四禁手点防守获胜。如果黑棋方能看出对方做棋的意图，就可以有针对性地防守，以躲避禁手点。

在"利用四四禁手获胜"案例中，白棋先在 A 点、B 点和 C 点冲四，然后通过 D 点通过活三进攻，诱使黑棋方被动防守后形成两个活三。然后在 E 点跳冲四，逼黑棋不得不在禁手点 F 点防守，如下图所示。

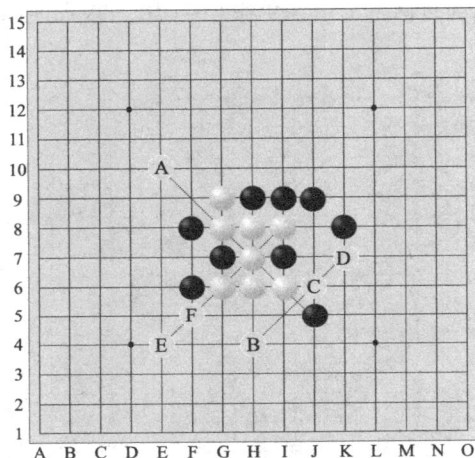

躲避禁手点示例

实际上，黑棋完全有机会躲避掉对方的禁手点。当白棋在 D 点形成活三 H4–J6–K7 后，黑棋可以通过活三 F6–F8–F9 在 F 点冲四，然后在 H 点防白棋的活三，同时形成新的冲四，白棋只能在 I 点防守，如下图所示。

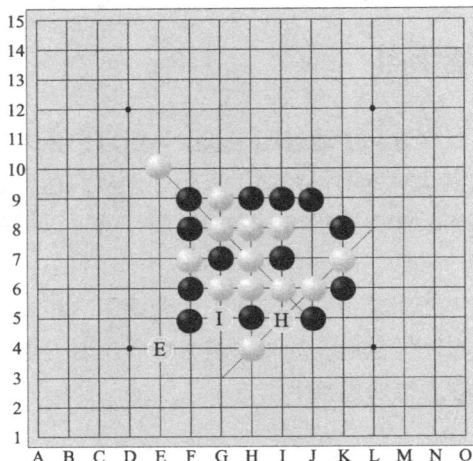

躲避禁手点分析

# 第四章 五子棋的开局与布局分析

　　本章主要介绍五子棋的开局与布局。五子棋的开局和布局对于整个比赛的胜负有着至关重要的影响。开局是五子棋比赛的关键阶段，双方在这一阶段通过布局和应答争夺主动权，为后续的胜负奠定基础。良好的布局可以使自己的棋子连成一片，形成优势，而布局不当则容易被对方牵制，陷入被动。因此，在开局阶段，双方都会尽力展开合理的布局，为后续的发展打下坚实的基础。

# 4.1 五子棋的开局

五子棋的开局通常分为"斜指打法"和"直指打法"两种。当黑棋落在天元位置，白棋落在天元的斜侧位置为斜指打法，当白棋落在天元的旁边为直指打法。

根据第 3 枚棋子黑棋的不同位置，这两种打法又分别派生出 13 种开局，一共有 26 种开局，每种开局都有不同的名称。具体名称如下。

（1）斜指开局：长星局、峡月局、恒星局、水月局、流星局、云月局、浦月局、岚月局、银月局、明星局、斜月局、名月局、彗星局。

（2）直指开局：寒星局、溪月局、疏星局、花月局、残月局、雨月局、金星局、松月局、丘月局、新月局、瑞星局、山月局、游星局。

在以上 26 种开局中，斜指打法中的"彗星局"和直指打法中的"游星局"已经在五子棋职业比赛中被摒弃，所以在五子棋的职业比赛中指定的开局一共有 24 种。

## ● 斜指打法开局

五子棋比赛中 12 种指定的斜指打法开局如下图所示。

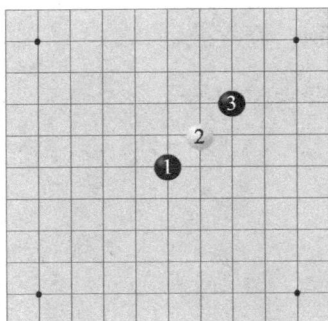

长星局

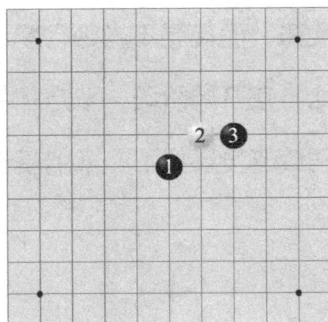

峡月局

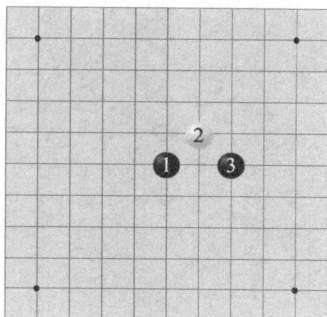

恒星局

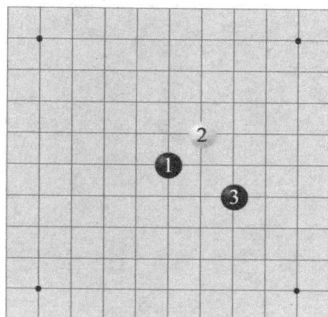

水月局

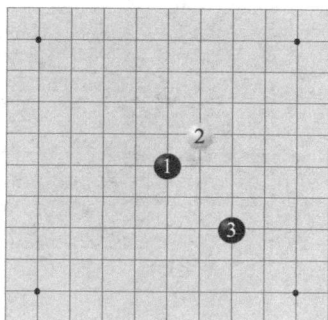

流星局

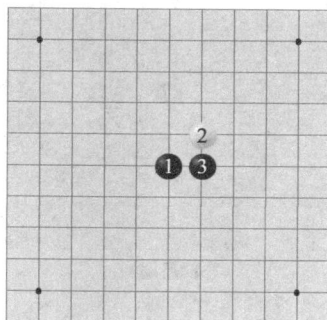

云月局

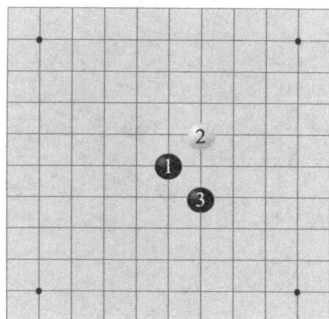

浦月局

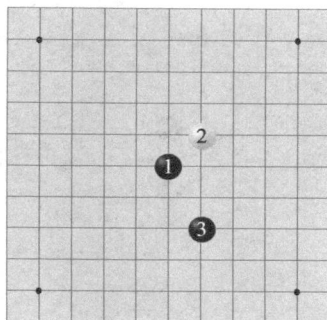

岚月局

**123**

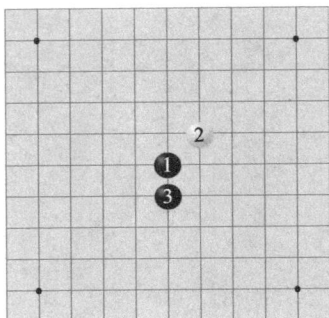

银月局

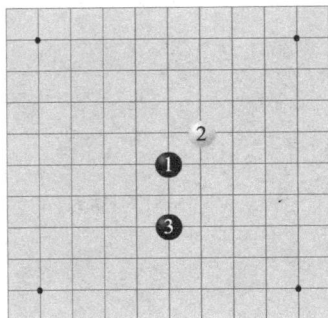

明星局

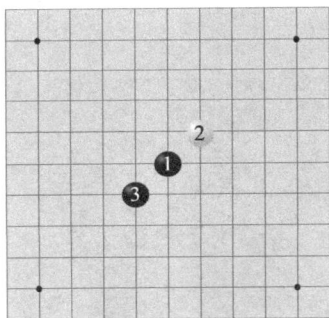

斜月局

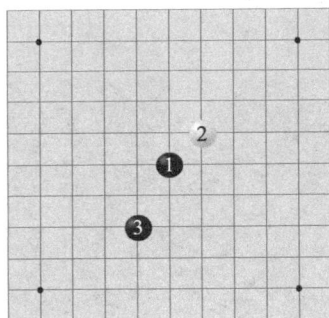

名月局

## ● 直指打法开局

五子棋比赛中 12 种指定的直指打法开局如下图所示。

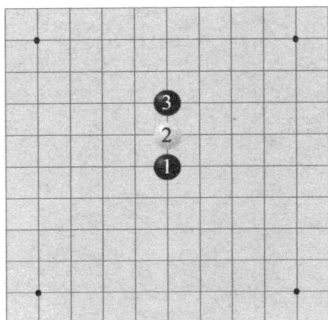

寒星局

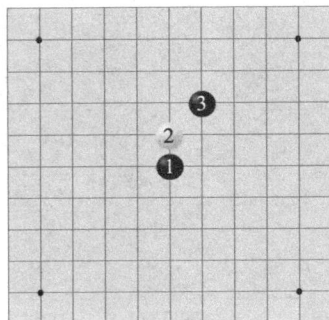

溪月局

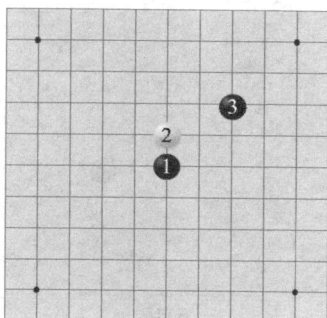

疏星局

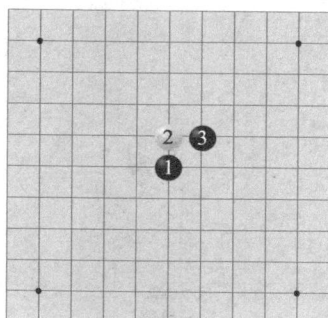

花月局

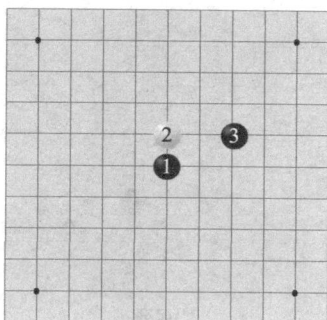

残月局

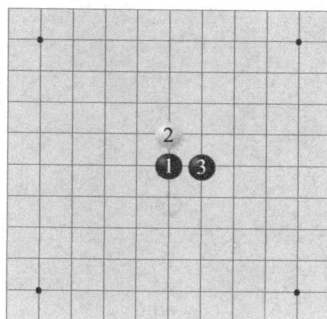

雨月局

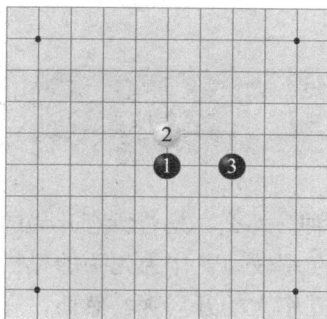

金星局

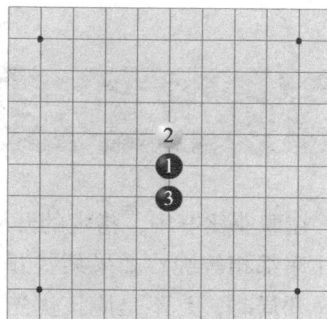

松月局

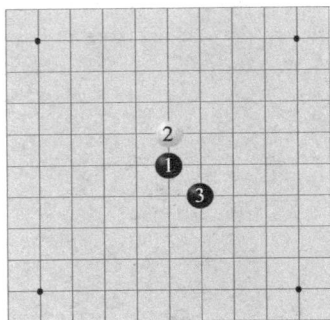

丘月局

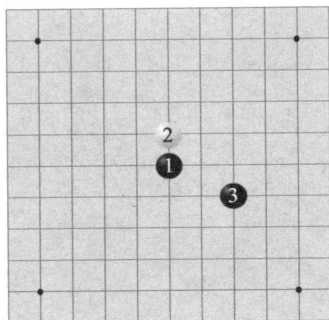

新月局

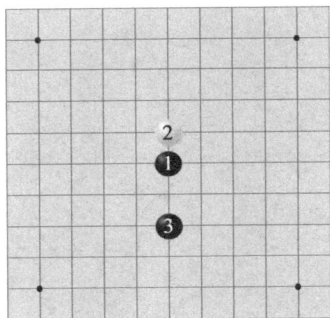

瑞星局

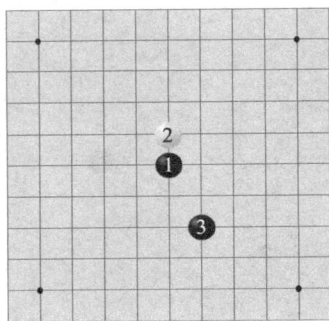

山月局

# 4.2 棋子进攻性强弱分析

在职业比赛中，指定的开局共有 24 种。那么，是否所有开局的获胜几率都相等呢？如果某些开局的获胜几率较高，作为先手的黑棋在选择开局时，是不是应该优先选择获胜几率大的开局呢？然而，有一个重要的规则需要考虑：在先手下前 3 枚棋子后，后手有权利决定是否交换。

　　这意味着先手在选择开局时必须权衡利弊。实际上，选择哪种开局以及后手是否选择交换并非基于感觉，而是要通过精确判断开局棋形是否对自己有利来决定。为了达到这个目的，我们需要深入研究并了解两枚黑棋的进攻性强弱程度。只有这样，我们才能根据黑棋的进攻性强弱，明智地决定选择哪种开局，以及是否进行交换。

　　由于棋盘具有对称性，无论第二枚黑棋落在规定区域内的哪个点，都可以在几种特定情况中分析其进攻性的强弱。为了选择有利的开局和确定是否交换，我们将逐一考察这些情况，以此为决策提供理论依据。

　　具体而言，我们首先需要评估下一步有多少点能够形成活三，也就是直接进攻的点。

　　其次，我们要考虑有多少点可以形成眠三。

　　再者，我们需要计算有多少点可以同时与黑棋 1 和黑棋 2 形成活二。

　　最后，我们还要分析有多少点可以与黑棋 1 或黑棋 3 形成活二。

　　通过这样的分析，我们能够更清楚地了解各种开局的进攻性，从而做出更明智的选择。

　　为了更加清晰地描述棋局的进攻性，在接下来的讲解中，我们采用以下符号进行标记。

　　字母 A 表示能够直接形成活三的进攻点；字母 B 表示能够形成眠三的点；字母 X 表示能够同时和黑棋 1 以及黑棋 3 形成活二的点；而字母 C 表示只能和其中一枚黑棋形成活二的点。这样的标记方式将有助于我们更系统地分析棋局，并更准确地描述各种进攻点的属性。

## 4.2.1　连二的强弱分析

### ● 阳线上的连二

　　下页图阳线上的连二中有 4 个 A 点可以形成活三；有 2 个 B 点可以形成眠三。在寻求与黑棋 1 和黑棋 2 同时形成活二的机会时，我们可以通过 4 个 X 点。此外，28 个 C 点能够与黑棋 1 或黑棋 2 形成活二。

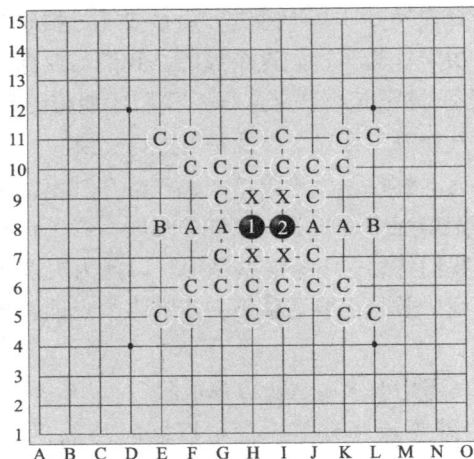

阳线上的连二

## ◉ 阴线上的连二

在下图阴线上的连二中，我们可以看到 4 个 A 点可以形成活三；2 个 B 点可以形成眠三；有 6 个 X 点能够同时和黑棋 1 以及黑棋 2 构成活二；24 个 C 点，它们可以和黑棋 1 或黑棋 2 形成活二。

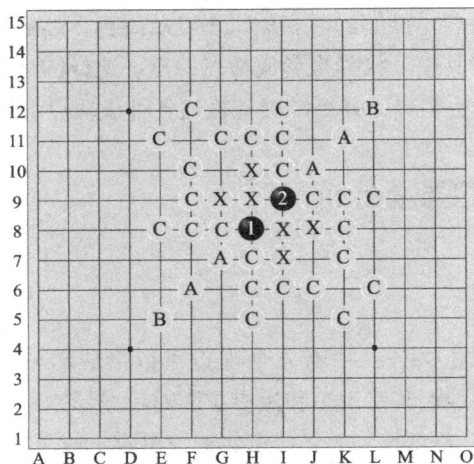

阴线上的连二

## 4.2.2　间二的强弱分析

### ● 阳线上的间二

　　下图阳线上的间二中可以看出，有 3 个 A 点可以形成活三，有 2 个 B 点可以形成眠三，有 6 个 X 点可以同时与黑棋 1 和黑棋 2 形成活二，有 24 个 C 点可以与黑棋 1 或黑棋 2 形成活二。

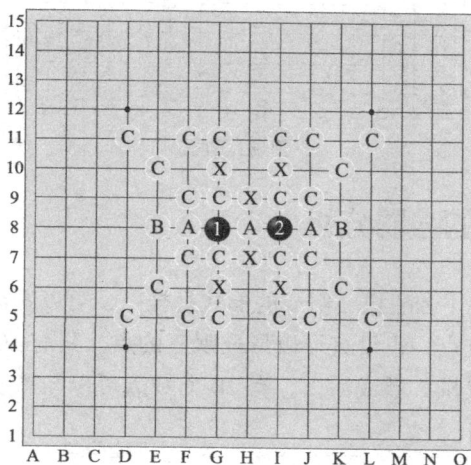

阳线上的间二

### ● 阴线上的间二

　　下页图阴线上的间二中可以看出，有 3 个 A 点可以形成活三，有 2 个 B 点可以形成眠三，有 2 个 X 点可以同时与黑棋 1 和黑棋 2 形成活二，有 32 个 C 点可以与黑棋 1 或黑棋 2 形成活二。

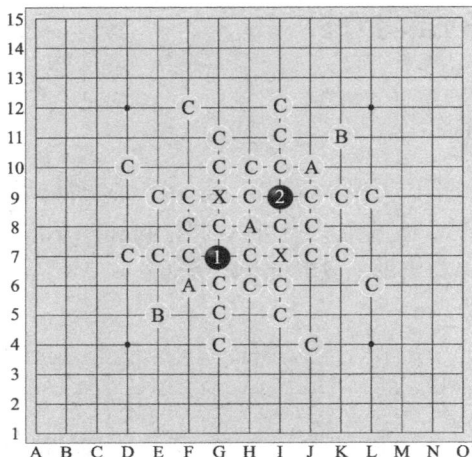

阴线上的间二

## 4.2.3 桂二的强弱分析

下图中黑棋 1 和黑棋 2 组成的形状是桂二，可以看出没有可以直接形成活三的进攻点，也没有可以形成眠三的点。只有 10 个 X 点可以同时与黑棋 1 和黑棋 2 形成活二，有 28 个 C 点可以与黑棋 1 或黑棋 2 形成活二。

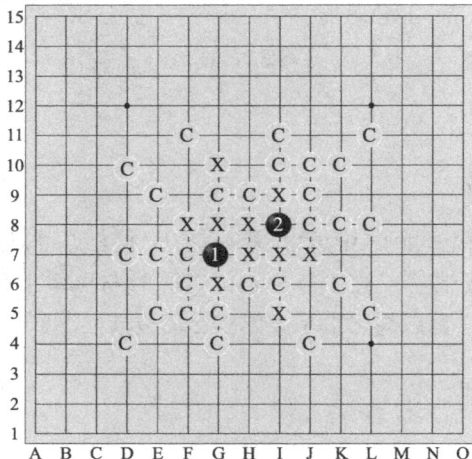

桂二

通过前面的分析，我们已经清楚开局时两枚黑棋不同棋形形成的活三、眠三、双活二和活二的数量都不一样。活三可以直接进攻，所以活三数量越多，其攻击性越强；桂二没有活三，所以攻击性是最弱的。不同棋形可形成活三、眠三、双活二和活二的数量如下表所示。

不同棋形可形成活三、眠三、双活二和活二的数量统计表（单位：个）

| 棋形 | 活三 | 眠三 | 双活二 | 活二 |
|------|------|------|--------|------|
| 阴线上的连二 | 4 | 2 | 6 | 24 |
| 阳线上的连二 | 4 | 2 | 4 | 28 |
| 桂二 | 0 | 0 | 10 | 28 |
| 阴线上的间二 | 3 | 2 | 2 | 32 |
| 阳线上的间二 | 3 | 2 | 6 | 24 |

# 4.3 五子棋开局的选择

我们在分析开局黑棋的攻击性强弱时，没有考虑到另外 1 枚白棋的位置，当增加 1 枚白棋后，其攻击性强弱会有一定的变化。

## 4.3.1 不同开局的强弱分析

接下来我们将分析斜指打法中的"浦月局""云月局""峡月局"攻击性强弱。有兴趣的朋友，可以用相同的方法分析其他不同开局的攻击性强弱。

下页图是斜指打法的浦月局，可以看出有 4 个 A 点可以形成活三，有 2 个 B 点可以形成眠三，有 5 个 X 点可以同时与黑棋 1 和黑棋 3 形成活二，有 21 个 C 点可以与黑棋 1 或黑棋 3 形成活二。

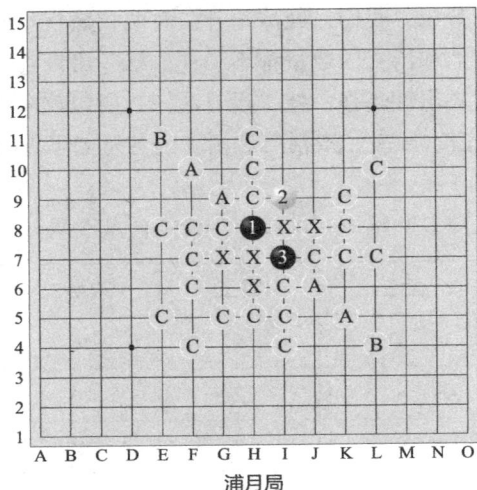

浦月局

下图是斜指打法的云月局，可以看出有 4 个 A 点可以形成活三，有 2 个 B 点可以形成眠三，有 3 个 X 点可以同时与黑棋 1 和黑棋 3 形成活二，有 24 个 C 点可以与黑棋 1 或黑棋 3 形成活二。

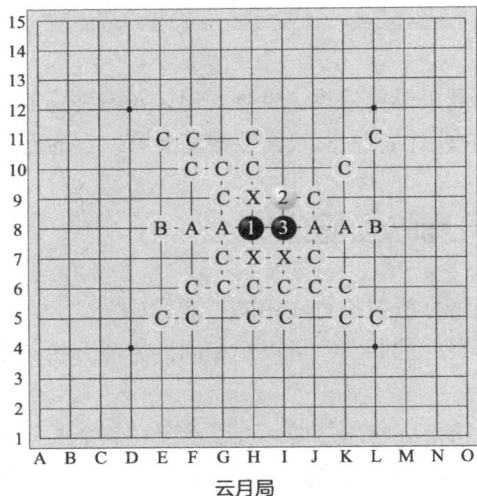

云月局

下图是斜指打法的峡月局，可以看出有 6 个 X 点可以同时与黑棋 1 和黑棋 3 形成活二，有 30 个 C 点可以与黑棋 1 或黑棋 3 形成活二。

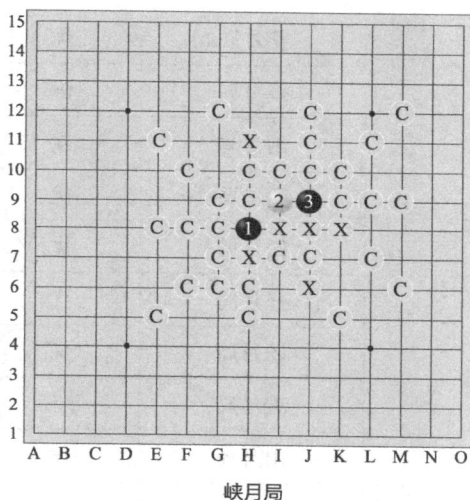

峡月局

## 4.3.2　不同开局的优劣势

我们已经了解，不同的开局策略会影响黑棋的攻击性，从而影响局面的优劣势。当黑棋攻击性强时，局面机会处于优势，更容易取胜；而当黑棋攻击性弱时，局面就会处于劣势，白棋更容易获胜。在 24 种开局策略中，不同开局对黑白双方的优劣势也有所不同，如下表所示。

24 种不同开局优劣势对比表

| 开局打法 | 开局名称 | 黑棋 | 白棋 |
|---|---|---|---|
| 直指打法 | 寒星局 | 优 | 劣 |
| | 溪月局 | 优 | 劣 |

| 开局打法 | 开局名称 | 黑棋 | 白棋 |
|---|---|---|---|
| 直指打法 | 疏星局 | 平衡 | 平衡 |
| | 花月局 | 优 | 劣 |
| | 残月局 | 优 | 劣 |
| | 雨月局 | 优 | 劣 |
| | 金星局 | 优 | 劣 |
| | 松月局 | 优 | 劣 |
| | 丘月局 | 优 | 劣 |
| | 新月局 | 优 | 劣 |
| | 瑞星局 | 平衡 | 平衡 |
| | 山月局 | 优 | 劣 |
| 斜指打法 | 长星局 | 劣 | 优 |
| | 峡月局 | 劣 | 优 |
| | 恒星局 | 优 | 劣 |
| | 水月局 | 优 | 劣 |
| | 流星局 | 劣 | 优 |
| | 云月局 | 优 | 劣 |
| | 浦月局 | 优 | 劣 |
| | 岚月局 | 优 | 劣 |
| | 银月局 | 优 | 劣 |
| | 明星局 | 优 | 劣 |
| | 斜月局 | 优 | 劣 |
| | 明月局 | 优 | 劣 |

# 4.4 五子棋布局分析

五子棋对局时，一个好的布局不仅能抢占优势，限制对手的棋子活动空间，还能为自己的进攻或防守策略提供有力的支持。相反，草率或不合理的布局，可能会使自己陷入被动从而失去先手优势，甚至直接导致失败。

下面我们将通过 8 种不同的开局分析不同的效果，读者可以从中体会布局过程和攻防思路，然后用相同的方法分析研究其他开局的不同布局效果。

## 4.4.1 寒星局

寒星局开局时，黑棋占优势，白 2 在黑 1 和黑 3 之间，白 4 可在 G9 点强防守，既可以与白 2 形成活二，还可以断开黑 1 和黑 3 通过此点形成连接。黑 5 下在 I9 点攻守兼备，不但与黑 1 和黑 3 形成了活二，还防守了白棋的活二，如下图所示。

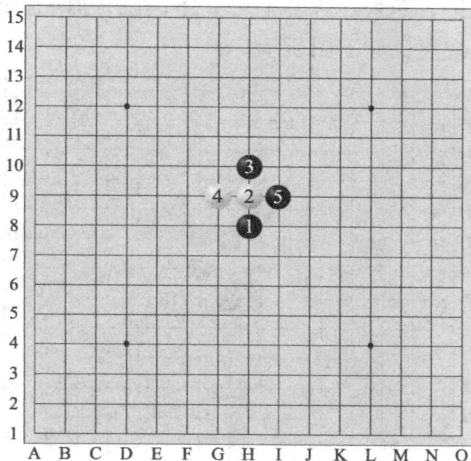

寒星局布局分析

白 6 可以在 G7 点强防守，既可阻挡对方的活二 5-1，同时自己形成了新的活二 4-6。黑 7 在 I10 点以形成 2 个活二 3-7 和 7-5，白 8 可以在 G10 点防守对方的活二，同时形成一个活三 8-4-6 和活二 8-2，如下图所示。

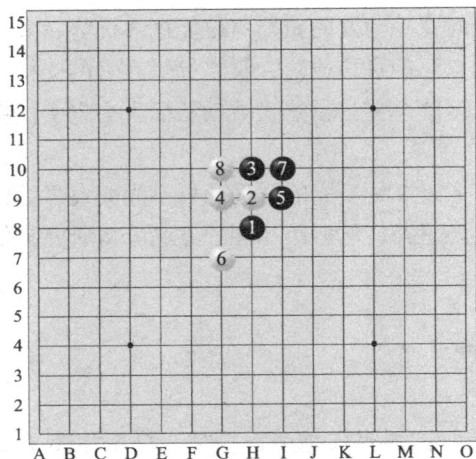

寒星局布局分析

黑 9 在 G11 点防守白棋的活三，同时自己形成了新的活三 9-3-5，白 10 在 J8 点防守，限制黑棋向右下方拓展，并有机会通过 I8 与右上方的白棋形成连接。如果在 A 点防守，不但没有形成新的连接，也没有限制黑棋的空间发展，如下图所示。

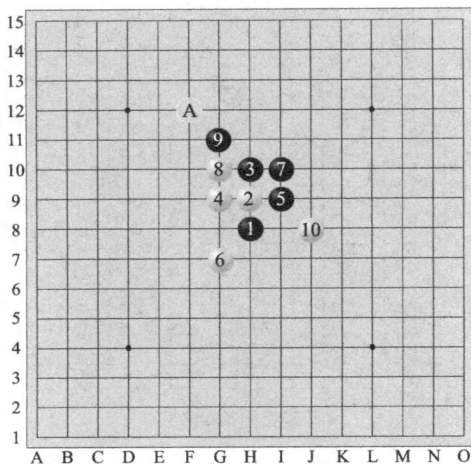

寒星局布局分析

如果黑 9 在 G8 点防守，虽然形成了一个新的活二 9-1，但白 10 可在 J7 点做棋，黑棋只能在 B 点或 D 点防守，无论黑棋在哪一点防守，白棋只需要在另一个点冲四，黑棋就不得不在三三禁手点 C 点防守。所以黑 9 不能在 G8 点防守，如下图所示。

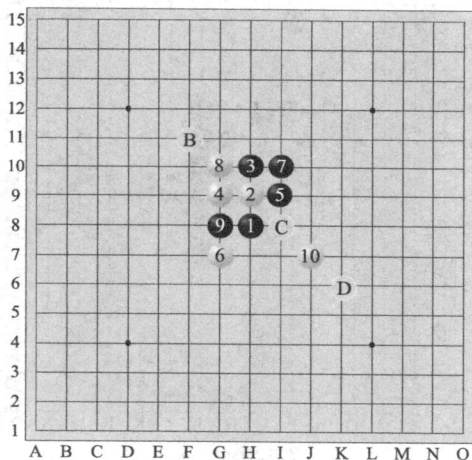

寒星局布局分析

黑 11 在 I11 点通过活三 11-7-5 进攻，同时形成活二 9-11，白 12 在 I8 点防守，同时形成活三 8-2-12。黑 13 在 F11 点反守为攻，形成活三 13-9-11，由于白棋无法通过连续冲四获胜，只能在 H11 点防守，同时形成活二 14-8，如下图所示。

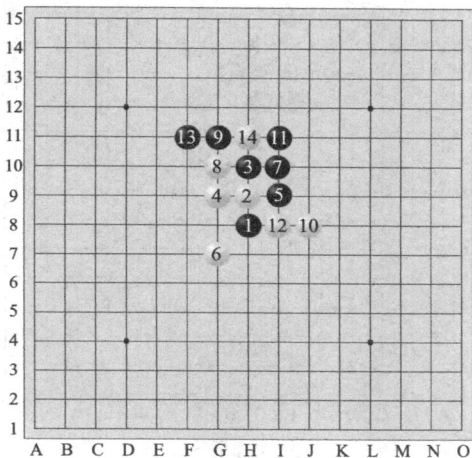

寒星局布局分析

**137**

黑 15 在 F14 点做棋，这一步非常关键，下一步不但可以通过 F12 形成四三棋形，还可以与黑 11 形成跳活二，为后续进攻打下基础。白 16 在 F12 点防守黑棋的四三，如下图所示。

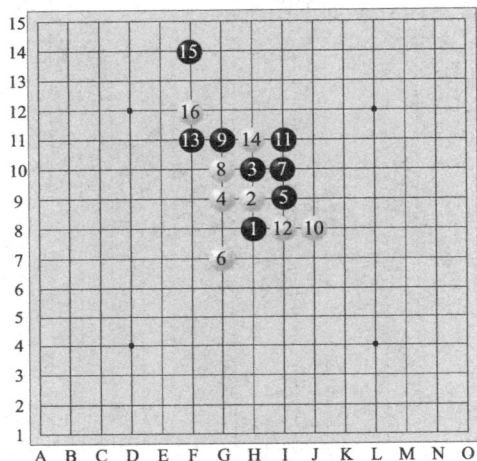

寒星局布局分析

接下来黑 17 在 H12 点形成活三 15-17-11，同时形成了活二 17-9，白 18 在 G13 点防守。此时黑棋已经做成了四三棋形，可在 E 点冲四活三取胜，如下图所示。

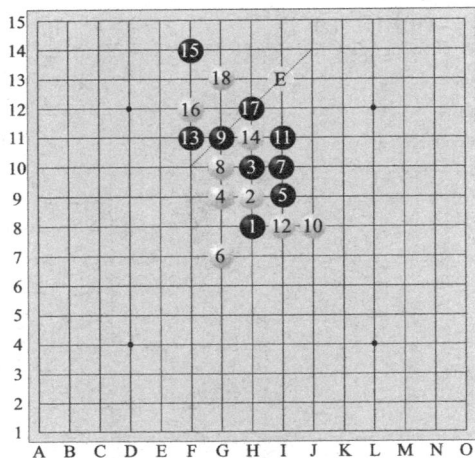

寒星局布局分析

我们已经知道四三防守点不止一个，如果白 16 不在 F12 点防守，而在 F10 点防守，黑 17 同样可以在 H12 点形成活三。白 18 防守后，黑 19 可先在 I12 点冲四，然后在 F 点冲四活三取胜，如下图所示。

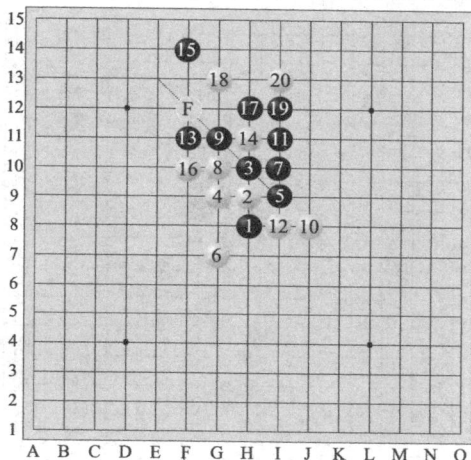

寒星局布局分析

如果白 4 在 G8 点强防守，黑 5 可在 I10 点形成活二 3–5，白 6 在 G10 点防守后，黑 7 在 I9 点形成 2 个活二 5–7 和 7–1。白 8 可在 I8 点防守同时形成活三反攻，黑 9 在 J7 点防守，如下图所示。

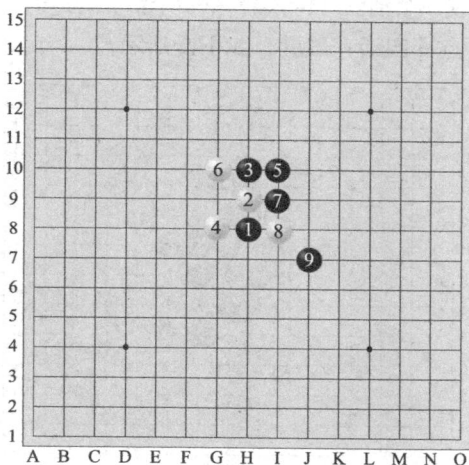

寒星局布局分析

**139**

白 10 在 G11 点防守黑棋的活二 3–7，同时形成活三 10–6–4，黑 11 在 G9 点防守，并形成 2 个活二 11–3 和 11–1。白 12 在 I11 点防守黑棋的活二 11–3，同时形成新的活二 10–12。黑 13 在 H11 点防守，如下图所示。

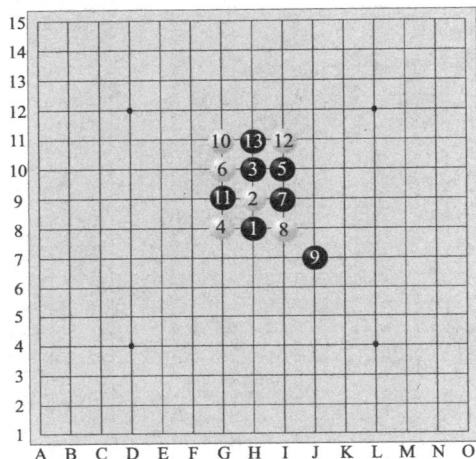

寒星局布局分析

白 14 在 H12 点阻止黑棋向上拓展空间，同时形成 2 个活二，黑 15 在 J10 点防守，同时通过活三 15–7–1 反攻，白 16 在 K11 点防守。接着黑 17 在 I7 点形成一个活三 11–1–17 和一个活二 17–9，白 18 在 J6 点防守，黑棋可在 G 点冲四活三取胜，如下图所示。

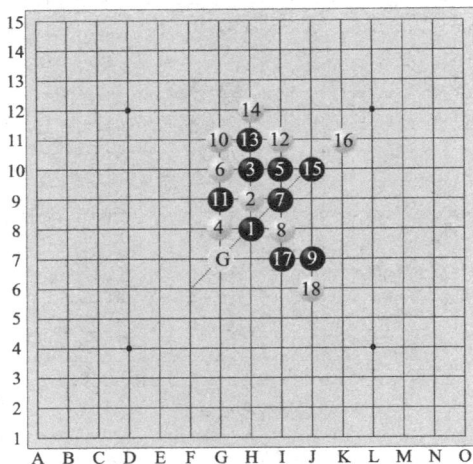

如果白 18 防守在 F10 点，同时形成活三 18-10-14，黑棋除了可以在 G 点冲四活三外，还可以通过眠三 11-1-17 冲四，然后在 H 点冲四活三取胜，如下图所示。

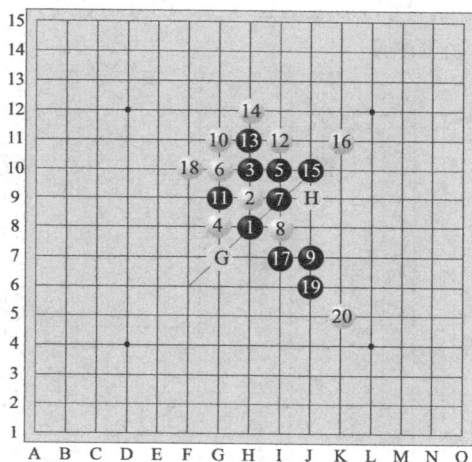

寒星局布局分析

如果白 4 在 G8 点强防守，黑 5 可在 I9 点形成 2 个活二 3-5 和 1-5，白 6 防守后，黑 7 先通过活三 3-5-7 进攻，然后可通过黑 9 和黑 11 做棋扩大优势，如下图所示。黑白双方后续的攻防转换，读者可以继续研究，也可以通过变换不同的进攻和防守点，来分析各种布局的不同效果。

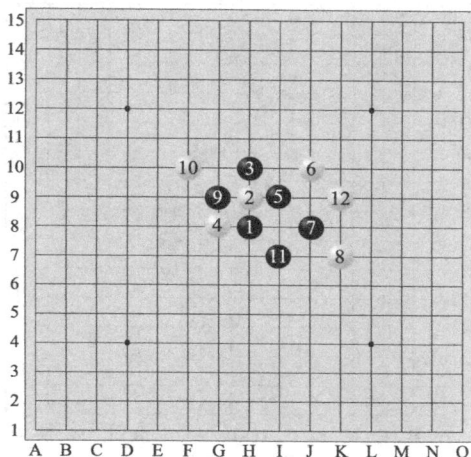

寒星局布局分析

## 4.4.2 溪月局

溪月局开局时，黑棋占优势，白 4 在 I9 点落子，黑 5 在 G9 点落子防守了白棋的活二，同时形成活二 5-1。白 6 可在 F10 点防守，控制黑棋向左侧发展，如下图所示。

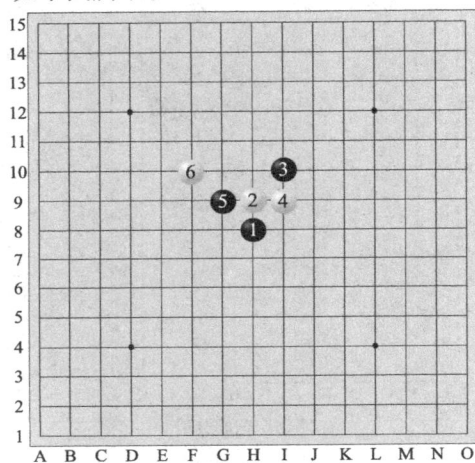

溪月局布局分析

黑 7 向右下方拓展，白 8 只好防守在 I8 点，黑 9 在 J7 点控制白棋的活二 2-8，由于黑棋下方优势大于上方，白 10 在 J6 点防守，如下图所示。

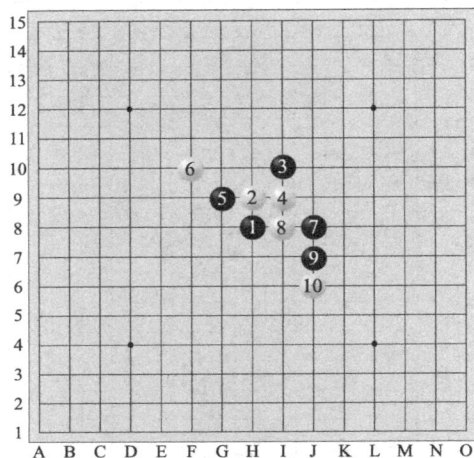

溪月局布局分析

　　白棋控制了黑棋向下发展的趋势，所以黑棋选择向上发展，在 K10 点做棋，白 12 防守后，黑 13 在 L9 点形成双活二 11–13 和 13–9，白 14 防守后，黑 15 在 L11 点继续做棋，扩大优势，如下图所示。

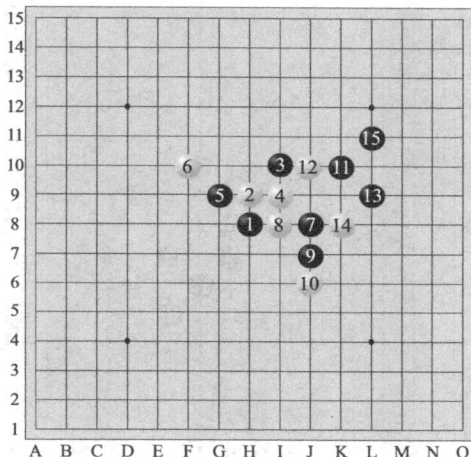

溪月局布局分析

　　如果白 4 落在 I8 点，黑 5 在 J7 点防守白棋的活二 2–4。白 6 在 J9 点布局，形成 2 个活二 2–6 和 4–6，黑 7 在 K9 点控制白棋向右侧拓展。白 8 活三后，黑 9 可在 H7 防守，此时黑棋的优势比较明显，如下图所示。

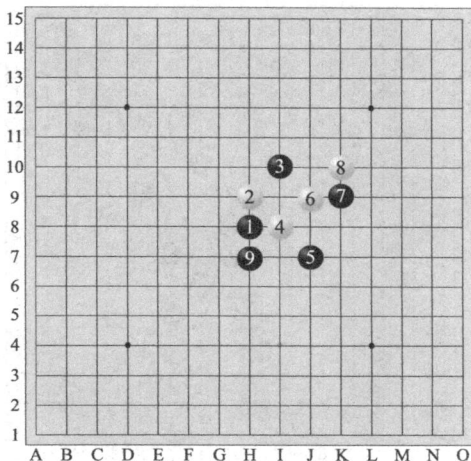

溪月局布局分析

白 10 断了黑棋的活二 9–5 后，黑棋 11 可在 I6 点布局，用 2 个活二 11–9 和 11–5 向下拓展。白 12 防守后，黑 13 可通过活三进攻，白 14 只能被动防守，如下图所示。

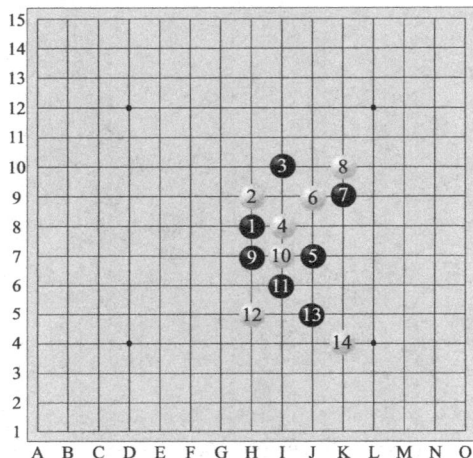

溪月局布局分析

由于白棋通过防守控制了黑棋向下拓展范围，黑棋可以向上拓展空间。白 14 后，黑棋可以在 A 点落子形成活二 A–7 和 A–1, 再利用 B 点和 C 点拓展空间，如下图所示。

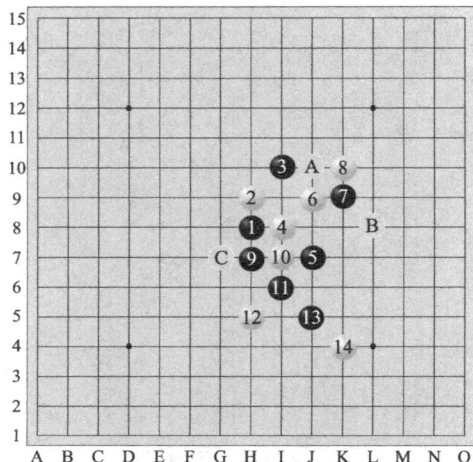

溪月局布局分析

如果黑 9 在 L11 点防守白棋的活三，由于黑棋没有直接进攻点，白 10 可在 F9 点做棋，控制黑棋向左侧拓展。如果黑 11 在 G9 点防守，白 12 则可以在 I6 点做棋，逼得黑 13 只能在四三点 H7 防守，如下图所示。

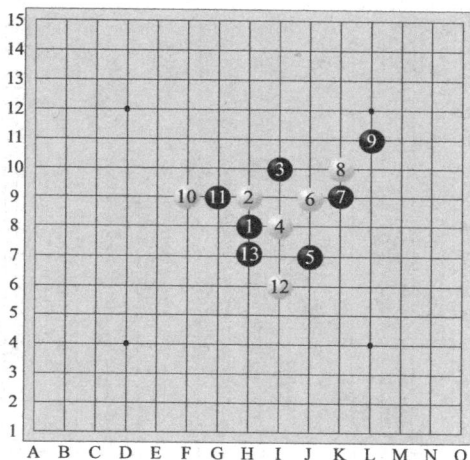

溪月局布局分析

接下来白 14 可以在 I5 点进攻，由于 C 点是三三禁手点，黑 15 只能在 A 点或 B 点防守。无论黑棋在哪一点防守，白棋都可以在另外的一个点冲四，逼得黑棋在 C 点落子，白棋胜，如下图所示。

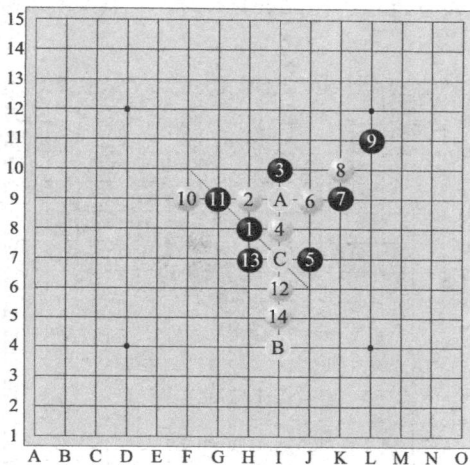

溪月局布局分析

**145**

如果黑 5 在左上方防守白棋的活二 2–4，以控制左侧的区域，白 6 直接防守后，黑 7 在 I9 点落子，黑棋既可向左下方拓展，也可以向右上方拓展。白 8 在 J10 点防守，限制黑棋向右上方拓展，如下图所示。

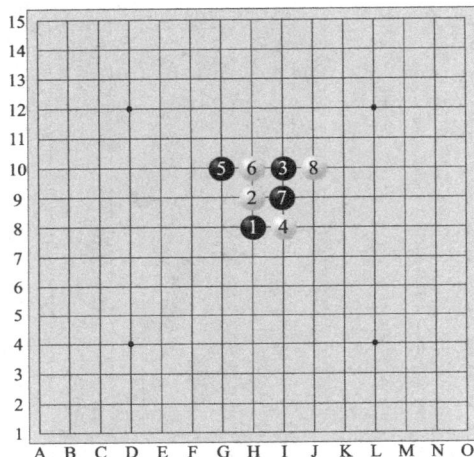

溪月局布局分析

黑 9 可在 G7 点做棋，由于没有形成直接进攻，白 10 可以在 J9 点形成 2 个活二 8–10 和 4–10，以此控制右侧局面。黑 11 在 H7 点防守白棋的活二，同时又扩大了下方的优势，白棋虽然可以通过 A 点直接进攻，然后再通过活二 A–6 进攻，但无法直接取胜，黑棋仍然具有优势，如下图所示。

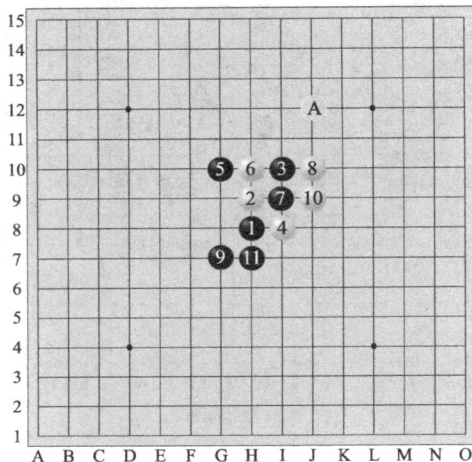

溪月局布局分析

如果白 8 在 G7 点防守，限制黑棋向下拓展，黑 9 便向上拓展，在 H11 点落子，形成两个活二 5–9 和 9–3。白 10 防守后，黑 11 直接进攻，白 12 继续在上方防守。黑 13 转向右侧拓展，在 J10 点落子，黑棋占优势，如下图所示。

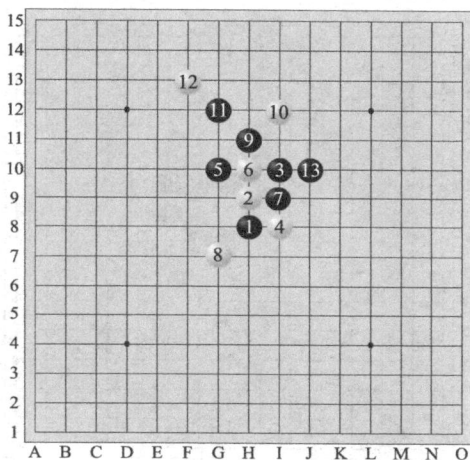

溪月局布局分析

## 4.4.3 疏星局

疏星局开局是黑白平衡的开局，白 4 最强防守点 I9 点，黑 5 在 J9 点防守白棋的活二 2–4，同时形成新的活二 3–5。白 6 在 J8 点防守，同时形成活二 4–6，如下图所示。

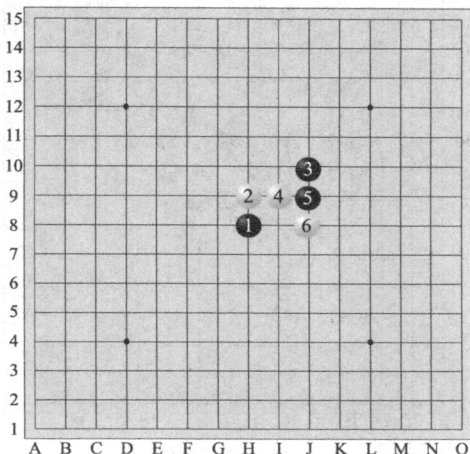

疏星局布局分析

黑 7 防守白棋活二 4-6，同时形成新的活二 7-3。白 8 在 G10 点落子向左侧拓展空间，黑 9 在 I8 点防守，同时形成活二 9-5，白 10 在 K10 点限制黑棋向右侧拓展，如下图所示。

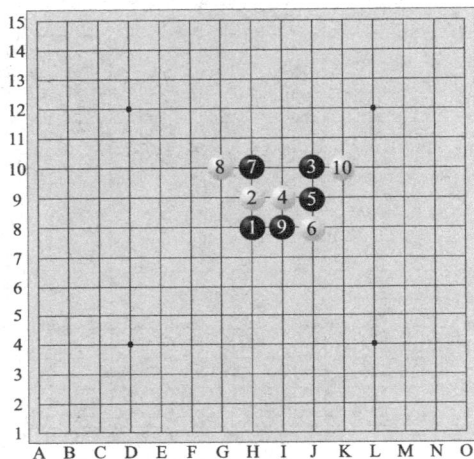

疏星局布局分析

黑 11 在 G9 点形成 2 个活二 11-7 和 11-1，白 12 在 I11 点防守，并限制黑棋向上方拓展。黑 13 在 F10 点直接进攻，白 14 在 I7 点防守，并形成了活二 14-6。此时黑白双方势均力敌，都没有明显的优势，黑棋可以考虑向左侧拓展，白棋考虑在右侧寻找机会，突破防守，如下图所示。

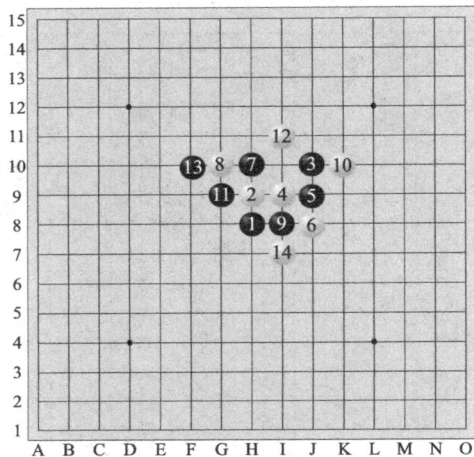

疏星局布局分析

如果黑 5 防守在 G9 点，控制白棋的一个活二，同时形成一个活二 5–1，白 6 在 I7 点防守，控制右侧区域，同时形成一个活二 4–6，如下图所示。

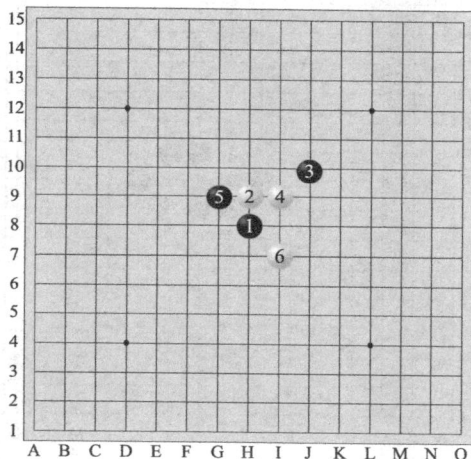

疏星局布局分析

黑 7 在上方防守白棋的活二，同时形成一个活二 7–3，使自己向上方区域发展。白 8 可在 G10 点防守，断开黑棋，控制黑棋向左上方发展。黑方转向右侧拓展，黑 9 在 K9 点落子形成活二 9–3，后面可以通过 A 点与黑 5 连接，如下图所示。

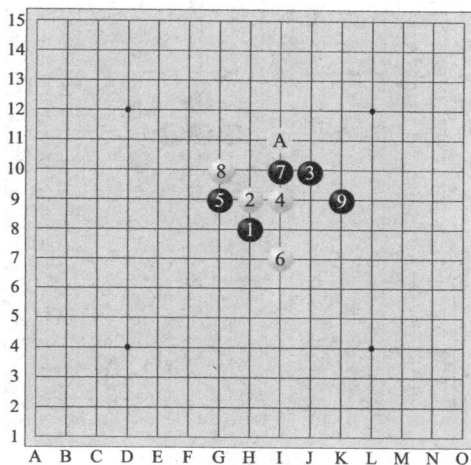

疏星局布局分析

　　白棋为了阻止黑棋向右侧拓展，白 10 可在 K10 点压制黑棋的空间。黑 11 在 I8 点防守白棋的活二 8-2。白 12 在 J8 点强防，阻断黑棋的连接，同时形成了活二 4-12，如下图所示。

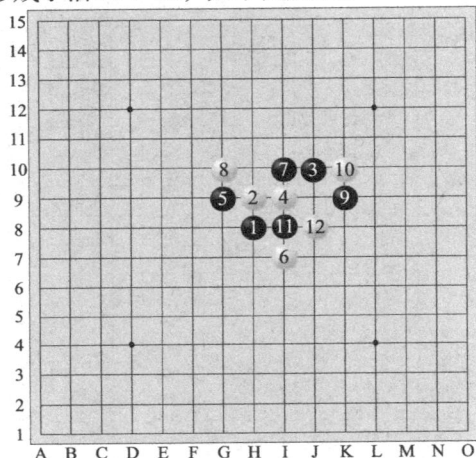

疏星局布局分析

　　黑 13 在 I11 点通过活三进攻，白 14 防守后，黑 15 继续在 H10 点通过活三进攻，同时防守了白棋的活二 4-12。白 16 在上方防守，限制黑棋向上拓展。黑白双方攻防交替，都没有明显的优势，白方可通过做棋在上方拓展，黑棋可考虑向左下方拓展，如下图所示。

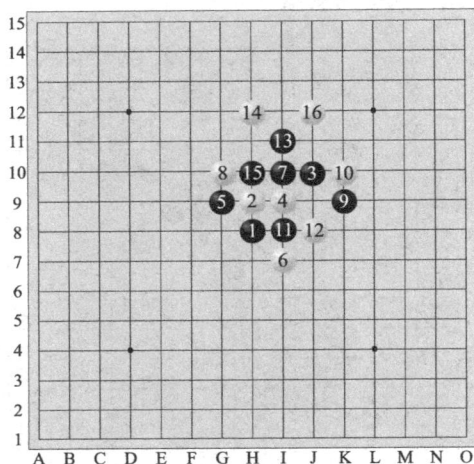

疏星局布局分析

如果白 8 在 H10 点防守，同样可控制黑棋向左上方发展，黑 9 在 J8 点防守，同时形成 2 个活二 3–9 和 1–9。白 10 在 I8 点防守，同时形成活二 2–10，如下图所示。

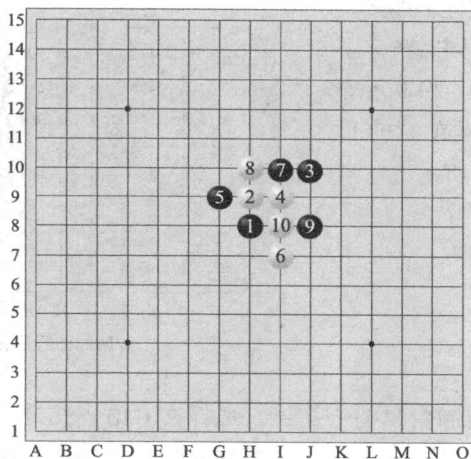

疏星局布局分析

黑 11 在 J7 点防守反攻，白 12 只能在 J9 点防守。黑 13 在 K10 点做棋，向右侧拓展空间，白 14 只能在 L10 点防守，限制黑棋向右发展。黑 15 继续在 L9 点做棋，形成 2 个活二 13–15 和 11–15，白 16 防守后，黑棋上方已具有一定的优势，如下图所示。

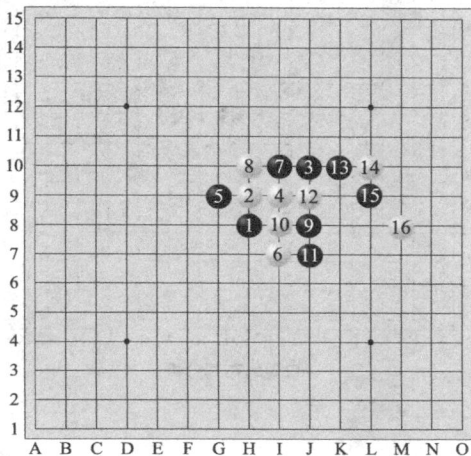

疏星局布局分析

如果黑5在J8点做棋，白6在I8点强防，黑7在I7点防守白棋活二的同时，将黑1和黑5进行了连接。白8活三进攻，同时防守了黑棋的1个活二。黑9反守为攻，白10同样在J7点反守为攻，如右图所示。

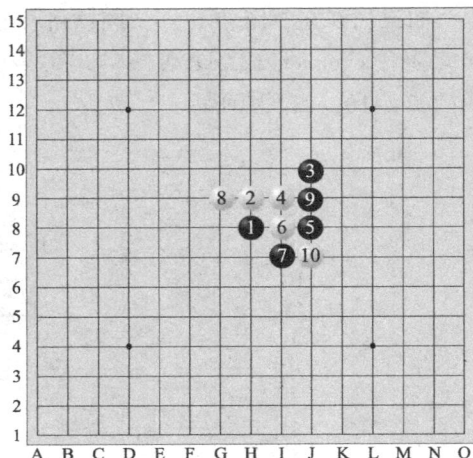

疏星局布局分析

黑方为了限制白棋向上拓展，选择在G10点防守。白12在K9点防守，黑13没有采取直接进攻，而是在K6点做棋，控制白棋向下发展。白14防守后，黑15在F9点做棋。虽然白棋还有一个活二14-2可以直接进攻，但无法取胜，整个局面黑棋占有优势，如下图所示。

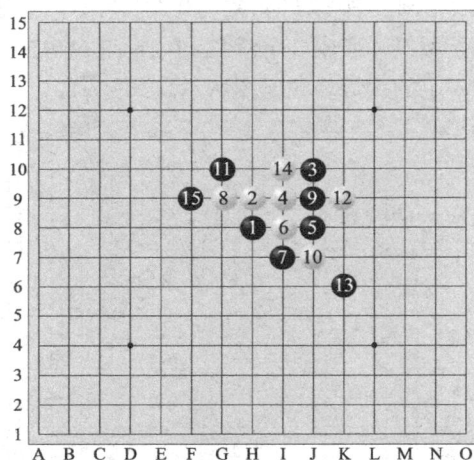

疏星局布局分析

## 4.4.4　花月局

花月局开局时，黑棋占优势，白4在I8点强防，黑5直接活三进攻，白6防守后，黑7在J7点做棋向右侧拓展。白8在H7点将黑5和黑7断开，黑9接着冲四向左下方拓展，白10只能被动防守在E5点，如右图所示。

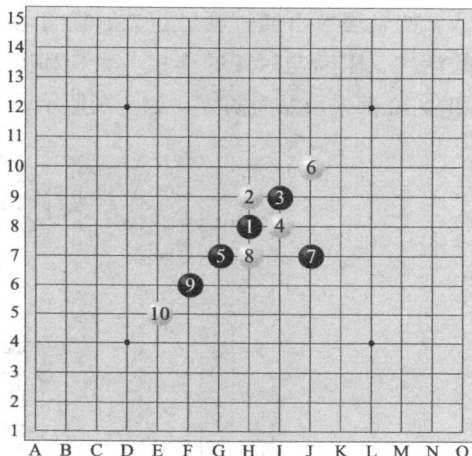

花月局布局分析

黑11形成2个活二5-11和9-11，继续向下方拓展，白12防守，黑13通过活三9-11-13进攻，白14被动防守在H6点。黑方继续通过活三15-13-7和冲四5-11-17-15进攻，白棋只能被动防守，黑棋优势明显，如下图所示。

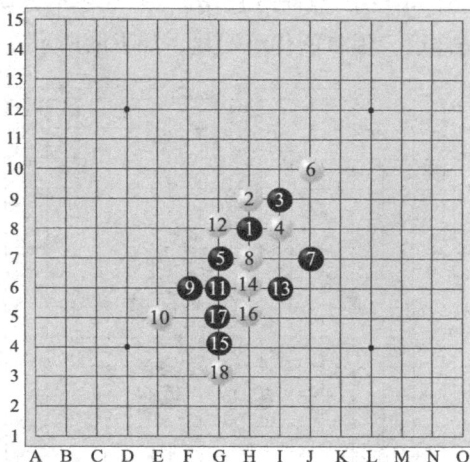

花月局布局分析

如果黑5不通过活三进攻，防守在J7点，白6在J10点强防黑棋的活二，阻断与黑5的连接。黑7和黑9分别在J6和I6点做棋，白8和白10都采取贴身防守，如下图所示。

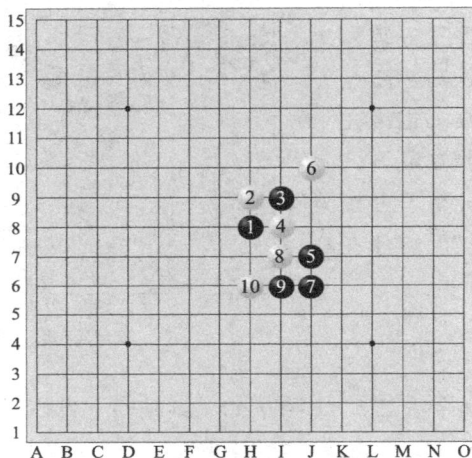

花月局布局分析

黑11直接进攻，白12在上方防守牵制黑方向右拓展。黑13继续在右下方进攻，白14在J8点防守反击，黑15在下方防守，控制下方的区域，白16防守后，黑棋的优势明显，如下图所示。

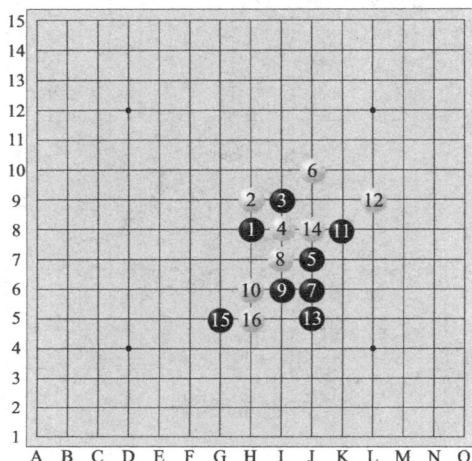

花月局布局分析

如果白 10 防守在 J5 点，黑 11 可以在 H5 点直接进攻，白 12 在 G4 点防守牵制黑棋向左下方拓展。黑 13 在 L6 点进攻，同时与黑 3 形成连接，白 14 只能被动防守在 K6 点，如下图所示。

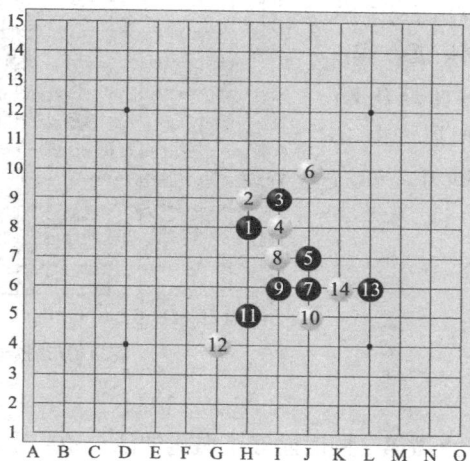

花月局布局分析

黑 15 继续通过活三 3–15–13 进攻，白 16 防守后，黑 17 继续在右侧通过活三 7–15–17 进攻，白棋 18 只能被动防守。无论白棋在上方还是下方防守，黑棋下一步即可在 A 点冲四活三取胜，如下图所示。

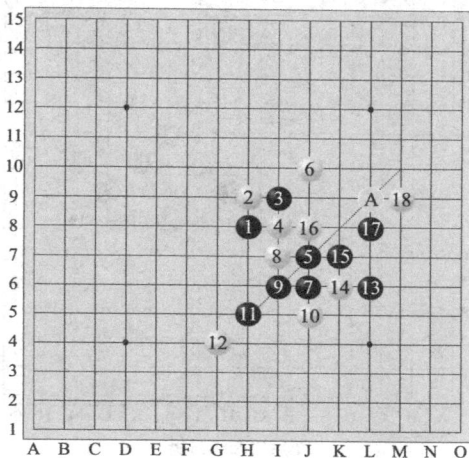

花月局布局分析

如果白6防守在J8点，断开黑3和黑5的连接，黑7可左侧通过活三7-1-3进攻，白8在F6点防守，牵制黑棋向左下方拓展。黑9没有直接进攻，而是在K7点做棋向右侧拓展，白10在I7点将黑棋断开，如右图所示。

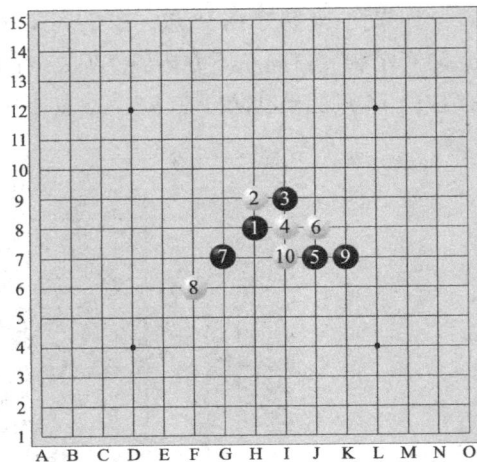

花月局布局分析

黑11在K9点做棋，同时防守了白棋的活二10-6，白12被动防守后，黑棋连续通过7-1-3-13冲四、13-11-15活三以及9-15-17活三进攻，白棋只能被动防守。整个局面黑棋优势明显，可以通过连续进攻获胜，如下图所示。

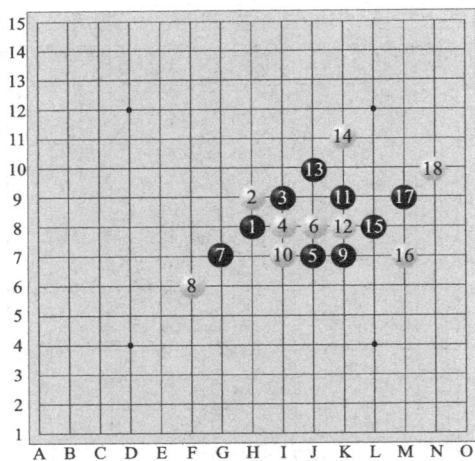

花月局布局分析

如果白 4 直接在 J10 点防守，黑 5 向下方拓展空间，白 6 在 I10 点形成双活二，为后续进攻做准备。黑 7 在 G8 点形成 2 个活二 7-1 和 7-5，白 8 采取直接进攻，黑 9 防守后，白 10 继续通过活三 8-2-10 进攻，如右图所示。

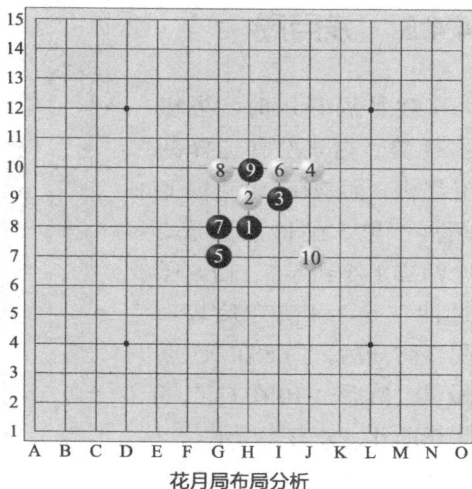

花月局布局分析

黑 11 通过 7-1-11 活三防守反击，同样白 12 通过活三 4-12-10 防守反击。黑 13 先冲四，然后黑 15 防守白棋的活三，白 16 防守后，黑棋可在左下方通过连续进攻扩大优势，如下图所示。

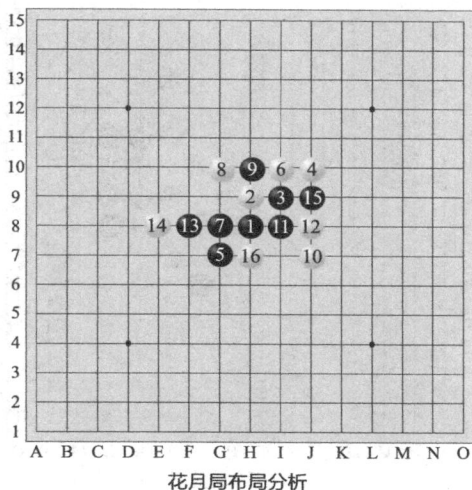

花月局布局分析

## 4.4.5 残月局

残月局开局时，黑棋占优势。白4没有选择断开黑棋，而是在I10点向上拓展，黑5在I8点形成2个活二1-5和5-3，白6通过活三6-2-4防守反攻。黑7防守后，白8在H7点做棋，然后白10在I7点将黑棋断开，如右图所示。

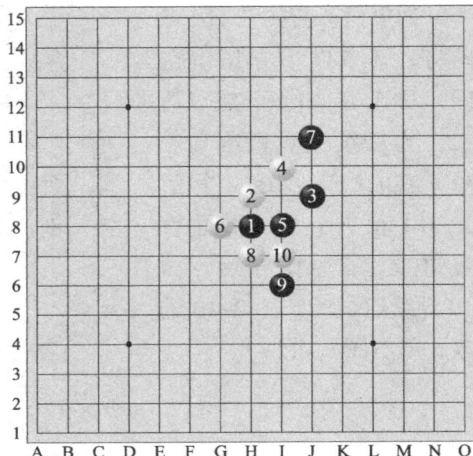

残月局布局分析

黑11在J7点防守，向右侧区域拓展，白12防守后，黑棋连续进攻，巩固右上方的优势，白棋只能被动防守，白24防守了黑棋的活三3-23-13后，形成冲四，如下图所示。

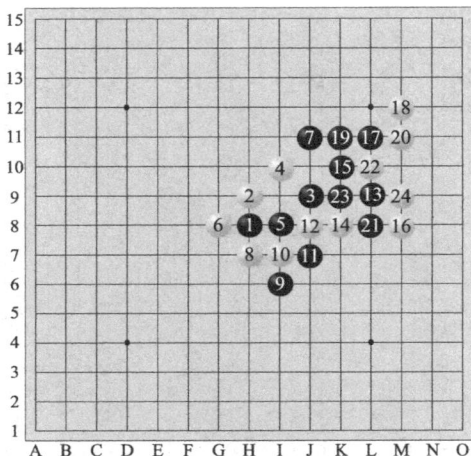

残月局布局分析

　　白 24 防守了黑 23 后反守为攻，黑 25 只能在 M10 点防守。此时，黑棋方已经有 2 个四三进攻点，无论白棋方在哪一点防守，黑棋均可在另一点四三获胜，如下图所示。

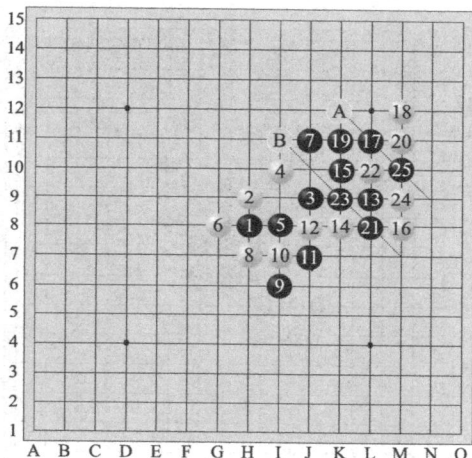

残月局布局分析

　　如果白 8 在 G7 点做棋，黑 9 可在 G9 防守，牵制白棋向上发展。白 10 直接进攻后，白 12 在 F10 点防守，占据左上方有利位置。黑 13 转守为攻，白 14 在上方防守，牵制黑棋向右发展，如下图所示。

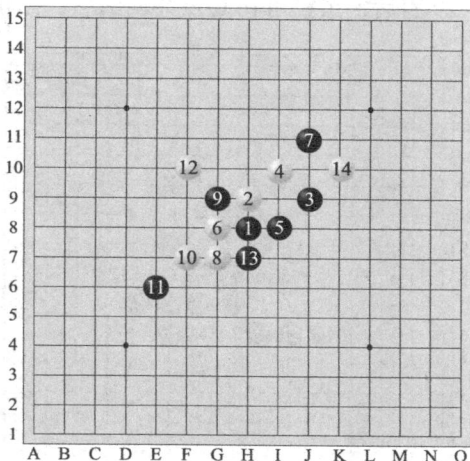

残月局布局分析

黑 15 继续做棋，以扩大在右下方的优势。由于黑棋优势明显，白 16 转守为攻，以寻找突破口，白 18 活三后，黑 19 没有被动防守，通过眠三 3-5-13 冲四，黑 21 再以守为攻，如下图所示。

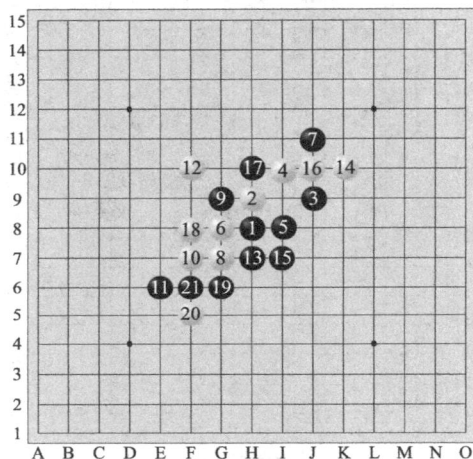

残月局布局分析

白 22 在 H6 点形成活三 18-8-22，以守为攻，并牵制黑棋向右拓展。黑 23 反守为攻，白 24 只能被动防守。黑棋优势已经非常明显，可以连续进攻，第 29 手后，黑棋可在 C 点冲四活三，白棋已无力防守，如下图所示。

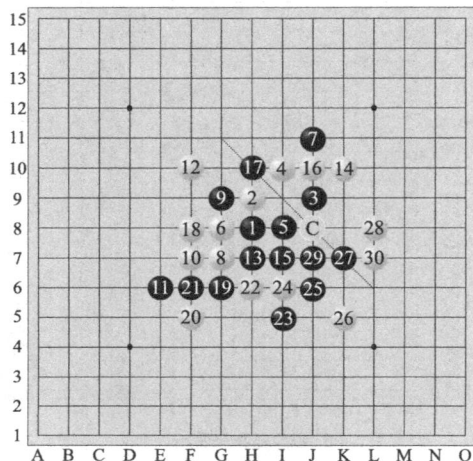

残月局布局分析

如果白 4 在 G8 点强防，黑 5 在 I10 点防守，并与黑 3 连接，黑 7 在 I8 点与黑 3 和黑 5 连接。白 8 直接进攻，黑 9 防守后，白 10 在 G6 点跳冲四，如右图所示。

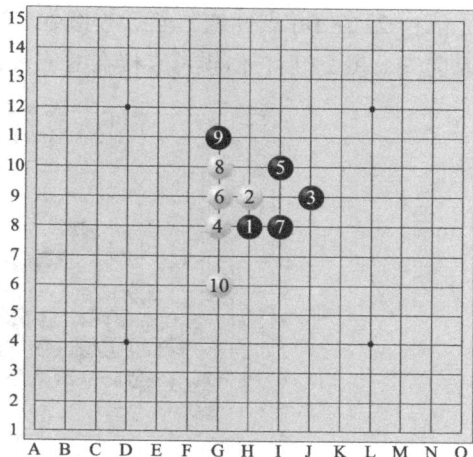

残月局布局分析

黑 11 在 G7 点防守后，白 12 继续通过活三 12–6–2 进攻，黑 13 在 E9 点防守，牵制白棋向左侧拓展。白 14 在 I6 点进攻，黑棋 15 防守后，白 16 继续在 F6 点进攻，并控制右侧局势。接下来白棋通过连续进攻巩固右侧的优势，黑棋只能被动防守，如下图所示。

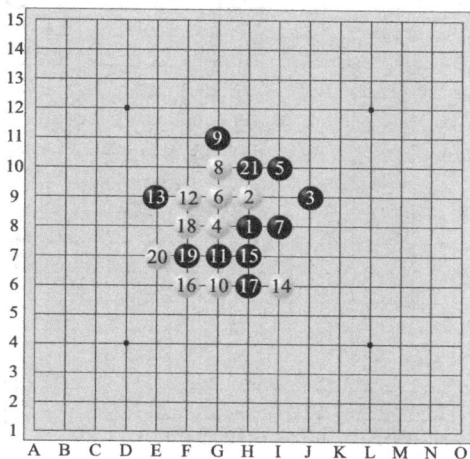

残月局布局分析

白 22 在 D6 点冲四，然后连续在 C6 点和 E8 点冲四，黑棋只能被动防守。黑 27 后，白棋可直接在 D 点冲四活三取胜，如下图所示。

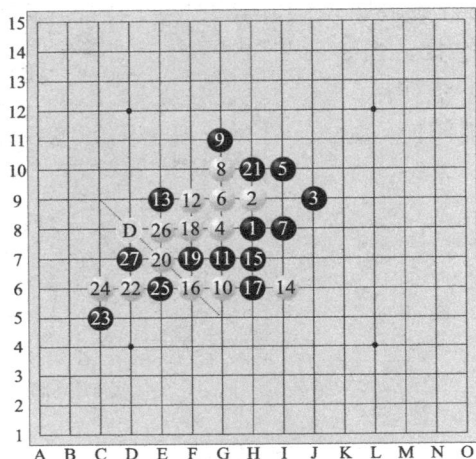

残月局布局分析

如果黑 7 是在 G7 点防守，白 8 在 J10 点强防，黑 9 通过活三 5-3-9 进攻，白 10 防守后，黑 11 在 I8 点做棋，白 12 防守后，黑棋 13 在 H6 点做棋向下拓展空间，此时黑棋具有优势，如下图所示。

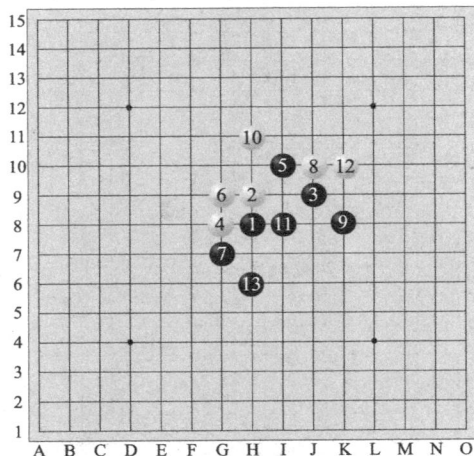

残月局布局分析

## 4.4.6　恒星局

　　恒星局开局时，黑棋占优势。白4与白2形成连接，黑5采取直接进攻，白6在右侧防守，牵制黑棋向右拓展。黑7在I7点形成2个活二7-1和7-3，白8和黑9都采取了防守反攻，白10主动冲四进攻，如右图所示。

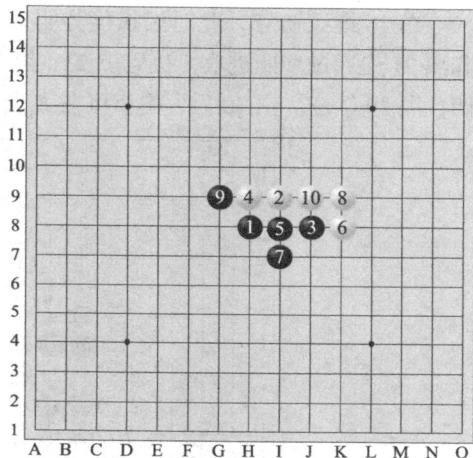

恒星局布局分析

　　黑11只能被动防守，白12转攻为守，黑13在H6做棋，为后续进攻做准备。白14在K7点进攻，黑15在下方防守，扩大下方的优势，如下图所示。

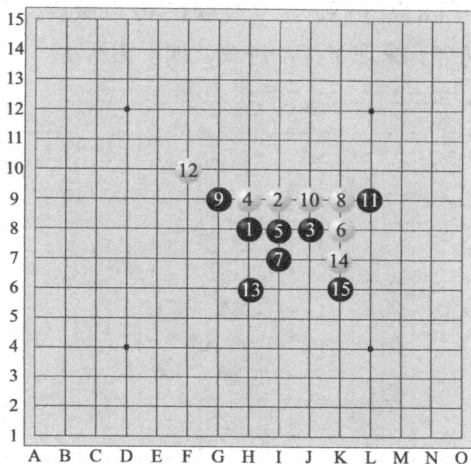

恒星局布局分析

白 16 继续防守，此时黑棋优势明显，可以连续进攻。黑 17、黑 19
和黑 21 先通过冲四进攻，接着黑 23、黑 25 通过活三进攻，然后黑 27 冲
四，黑 29 活三。白 30 后，黑棋可在 A 点冲四活三取胜，如下图所示。

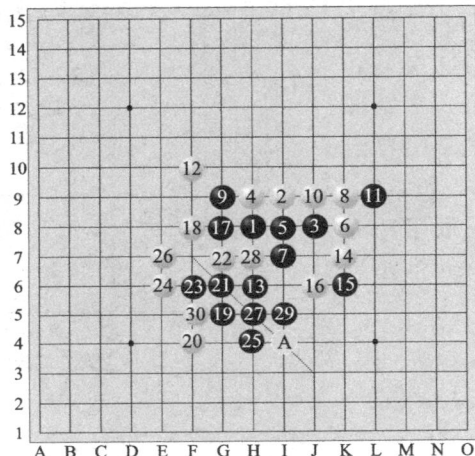

恒星局布局分析

如果白 4 在 G8 点防守，黑 5 在 I7 点做棋，与黑棋 1 和黑 3 连接，
白 6 防守黑棋一个活二 1–5，同时自己形成两个活二 6–2 和 6–4。黑 7
直接活三进攻，白 8 防守后，黑 9 继续在 J6 点做棋，右侧优势明显。
白 10 没有被动防守，采取了主动进攻，如下图所示。

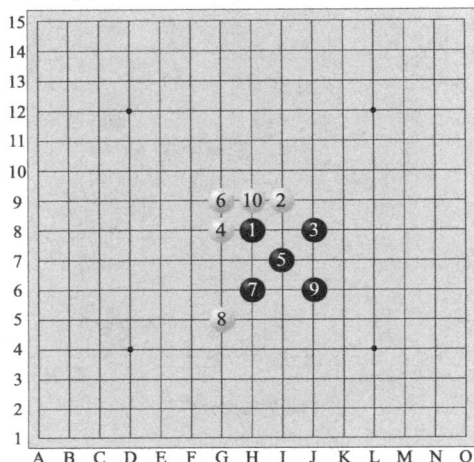

恒星局布局分析

黑 11 以守为攻，白 12 被动在 J7 防守。黑 13 通过活三 7-13-9 进攻，白 14 冲四反攻，黑 15 只能被动防守在 G7，点白 16 在 K6 点转守为攻，黑 17 防守后，已经具有明显优势，可以通过连续进攻获胜，如下图所示。

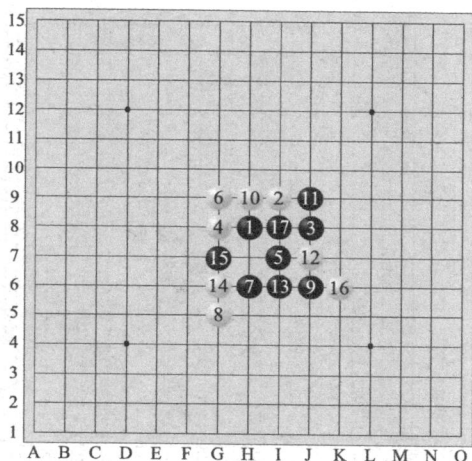

恒星局布局分析

白 18 在 I5 点防守黑棋的四三进攻，黑 19 先通过活三 17-11-19 进攻，然后黑 21 冲四进攻，白棋只能被动防守。接着黑 23 可在 A 点冲四活三取胜，如下图所示。

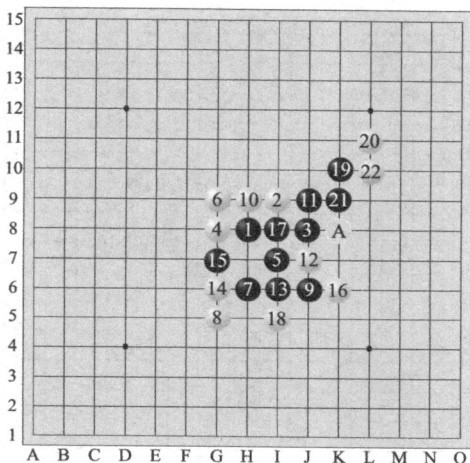

恒星局布局分析

如果黑5在J9点占领右侧有利位置，白6在下方防守，牵制黑棋向下拓展。黑7在I7点做棋，白8在下方防守，黑9继续向右侧拓展，白10在右侧防守牵制黑棋向右拓展，如下图所示。

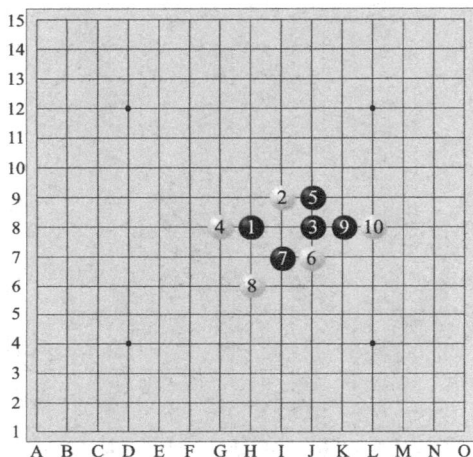

恒星局布局分析

黑11在K10点做棋，向右上方拓展，白12防守后，黑13通过活三13-5-9进攻，向上拓展空间，白14在上方防守。黑15继续通过活三13-15-11进攻，白16在左侧防守，以控制左侧区域，如下图所示。

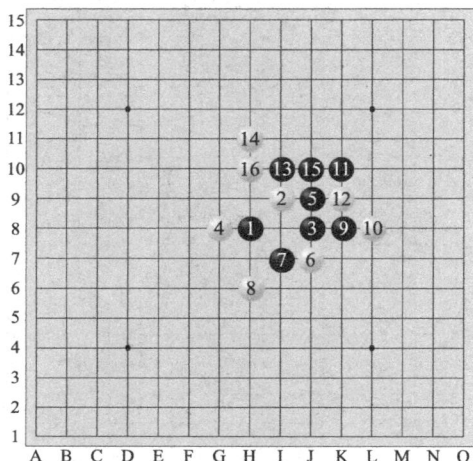

恒星局布局分析

黑 17 在 L11 点进攻，白 18 防守后，黑 19 在 K12 点做棋。抢占该点非常绝妙，能一子双杀，接下来可在 A 点冲四活三取胜，也可以在 B 点冲四活三取胜，所以白棋已无力防守，如下图所示。

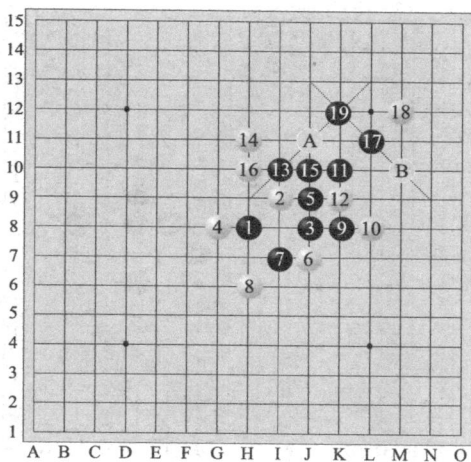

恒星局布局分析

如果白 4 在下方防守，黑 5 在 I7 点做棋与黑 1 和黑 3 连接。白 6 防守后，黑棋直接进攻，白 8 在上方防守，牵制白棋向左上方拓展。黑 9 继续进攻，向右拓展空间，白 10 在 I8 点将黑棋断开，如下图所示。

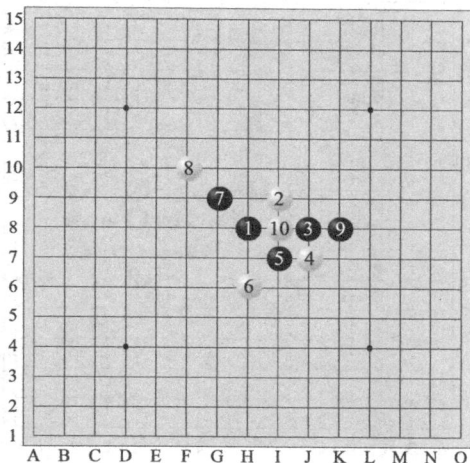

恒星局布局分析

黑 11 在 K6 点做棋向右下方拓展，白 12 防守后，黑 13 继续在 M8 点做棋向右侧拓展，白 14 防守后，黑 15 继续在 K9 点做棋，为后续进攻做准备，如下图所示。

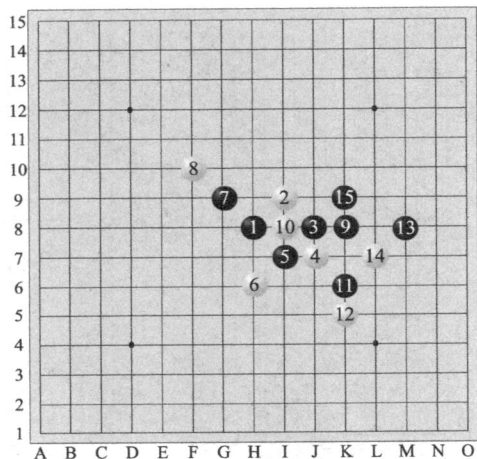

恒星局布局分析

白 16 防守后，黑 17 继续在 M9 点做棋。白 18 在 L10 点防守后，黑 19 直接通过活三 17-13-19 进攻，虽然白 20 防守后形成了活三 16-18-20，但已经无济于事，黑棋下一步在 A 点即可四三取胜，如下图所示。

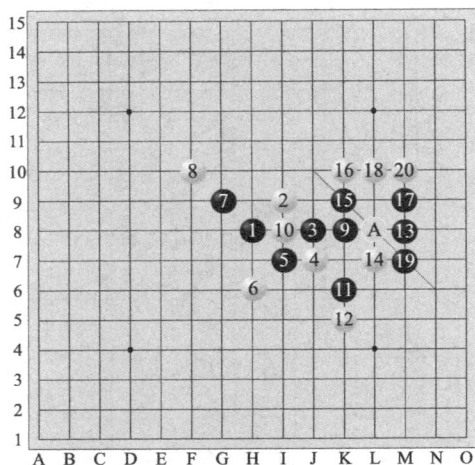

恒星局布局分析

## 4.4.7　水月局

水月局开局时，黑棋占优势。白4在I8点防守，黑5在I7点形成2个活二1–5和5–3，白6左侧防守黑棋的一个活二。黑7直接进攻，白8防守后，黑9在G6点做棋，白10在中间将棋断开，如右图所示。

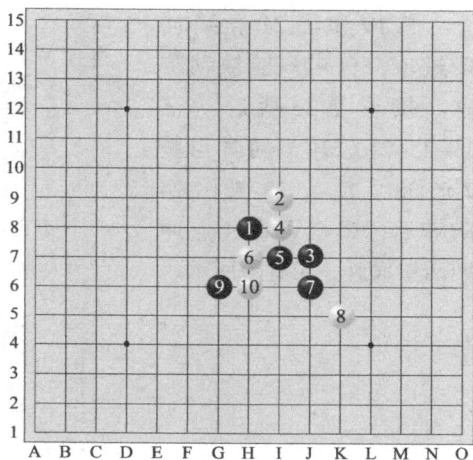

水月局布局分析

黑11在H5点做棋，白12在J5点防守，牵制黑棋向下拓展。黑13接着在G8点做棋，攻防兼备，既防了白棋的活二6–12，又与黑9形成了连接。接着黑15和黑17直接活三进攻，白16和白18选择在上方防守，牵制黑棋向上拓展，如下图所示。

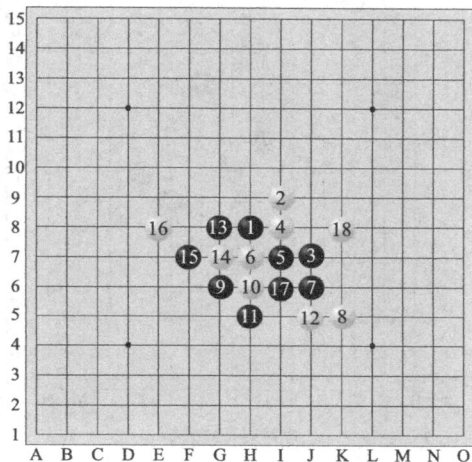

水月局布局分析

黑 19 和黑 21 直接冲四进攻，白棋只能被动防守。接着黑 23 通过活三 19-23-21 进攻，同时与黑 7 形成了活二 23-7，白 24 防守后，黑棋可在 A 点冲四活三取胜，如右图所示。

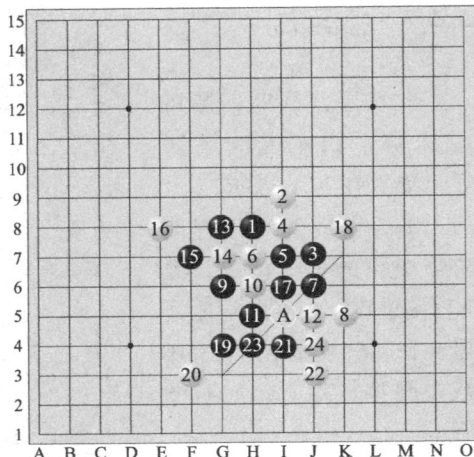

水月局布局分析

如果白 4 采取弱防，黑 5 直接在上方防守，限制白棋向上拓展。白 6 在 J9 点形成双活二 4-6 和 2-6，黑 7 在右下方防守，白 8 主动通过活三 8-2-6 进攻，黑 9 防守后，白 10 继续通过活三 8-4-10 进攻，如下图所示。

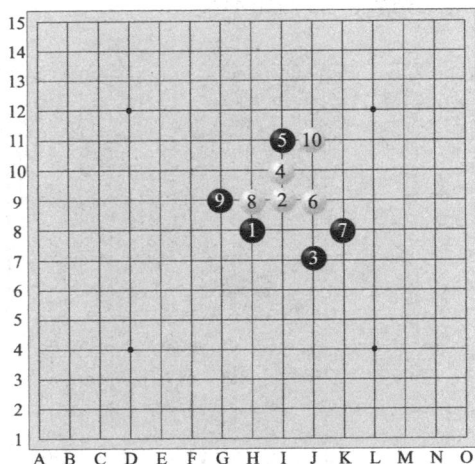

水月局布局分析

黑 11 防守后，白 12
继续跳冲四进攻，同时防
守了黑棋的活二 3-7，黑
13 只能被动防守。接下来
白棋和黑棋轮番攻防转换，
黑 19 后，白 20 只能被动
在 I8 点防守。黑棋大都在
外围，局势对黑棋有利，
如右图所示。

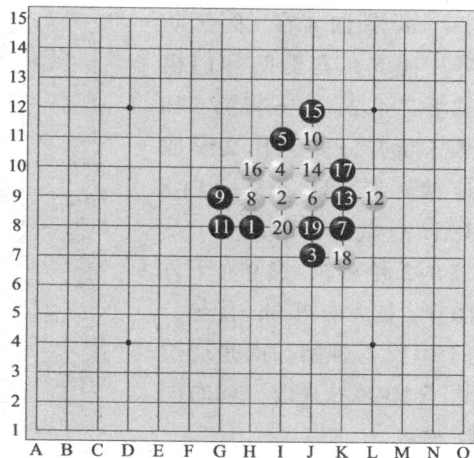

水月局布局分析

黑 21 在 L10 点做棋，白 22 防守冲四反击，黑 23 只能被动防守。
由于黑棋已有一个四三获胜点，白 24 采取在 K11 点防守的策略。黑 25
接着冲四进攻，黑 27 通过活三 9-11-27 进攻，虽然白 28 通过冲四防守
反击，但白棋缺乏连续进攻的获胜点，黑棋接下来可以通过连续进攻获
胜，如下图所示。

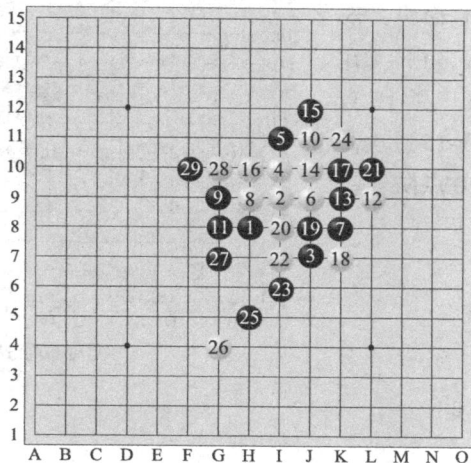

水月局布局分析

如果白 4 在 G9 点防守，黑 5 在右侧防守白棋的活二 4-2，白 6 将黑 5 和黑 3 断开，并与白 2 形成连接。黑 7 防守后，白 8 在 I7 点做棋，形成 2 个活二 8-2 和 8-6，黑 9 在下方防守，扩大右下方的优势，白 10 没有强防，而是通过活三 10-8-6 进攻，如右图所示。

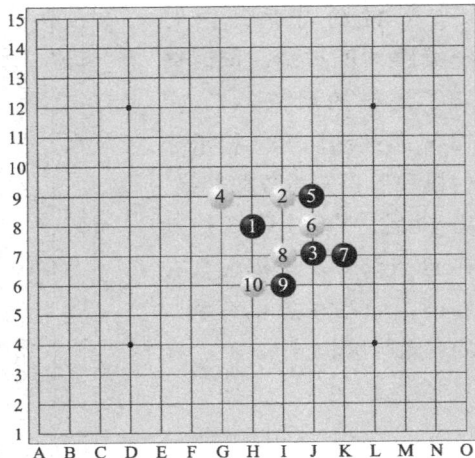

水月局布局分析

黑 11 在右侧防守，白 12 强防，将黑棋上下断开。黑 13 继续在右侧做棋，形成 2 个新的连接，白 14 在 M7 点牵制黑棋。黑 15 直接通过活三 7-13-15 进攻，白 16 被动在 N10 点防守，如右图所示。

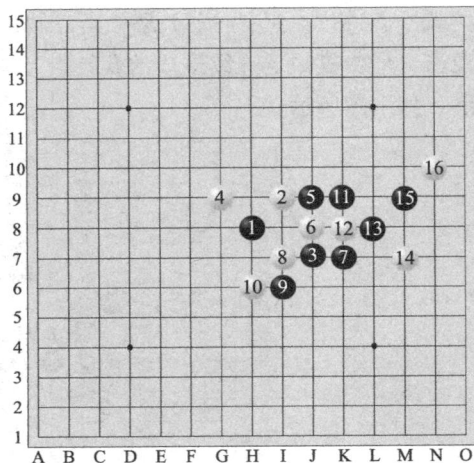

水月局布局分析

黑 17 在 H7 点做棋，白 18 在 G8 点防守，牵制黑棋向左拓展。黑 19 通过活三 17–19–5 进攻，白棋 20 防守反击，形成活三 4–18–20。黑 21 接着冲四，白棋被动防守后，直接在 A 点冲四活三取胜，如右图所示。

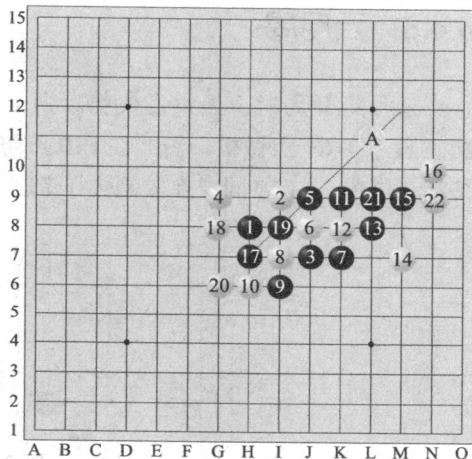

水月局布局分析

如果白 20 在 K10 点防守，黑棋同样可以通过连续进攻获胜。黑 21 先通过活三 19–3–21 进攻，然后黑 23 冲四，黑 25 和黑 27 分别通过活三 13–25–23、27–21–25 进攻。虽然白 28 形成了活三 20–26–28，黑棋下一步可在 B 点冲四活三取胜，如下图所示。

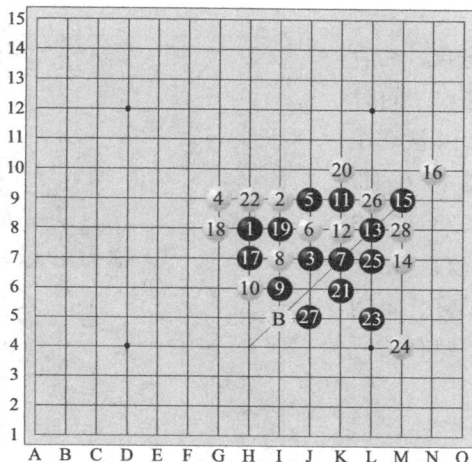

水月局布局分析

**173**

## 4.4.8 云月局

云月局开局时，黑棋占优势。白 4 直接防守，黑 5 防守后白 6 强防。黑 7 在 G9 点做棋，白 8 在 F10 点防守牵制黑棋向左拓展。黑 9 直接活三进攻，白 10 同样在左侧防守牵制，如下图所示。

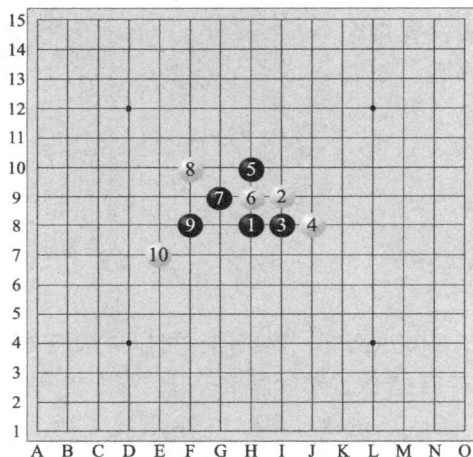

云月局布局分析

黑 11 冲四进攻，然后黑 13 在 G6 点进攻，同时与黑 3 连接，白 14 被动在 G7 点 防 守。黑 15 在 H7 点继续通过活三 3–15–13 和 11–15–17 进攻，白 16 和白 18 在下方防守，牵制黑棋向下拓展，如右图所示。

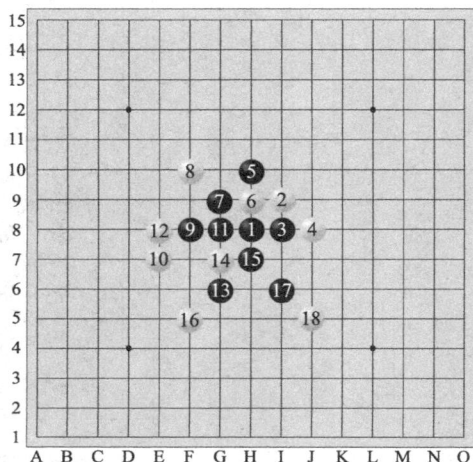

云月局布局分析

黑 19 通过活三 13-17-19 进攻后，又连续冲四、活三进攻，白棋只能被动防守。白 26 防守后，黑 27 在 K8 点做棋，白棋已无力防守，黑棋可通过 A 点或 B 点冲四活三取胜，如下图所示。

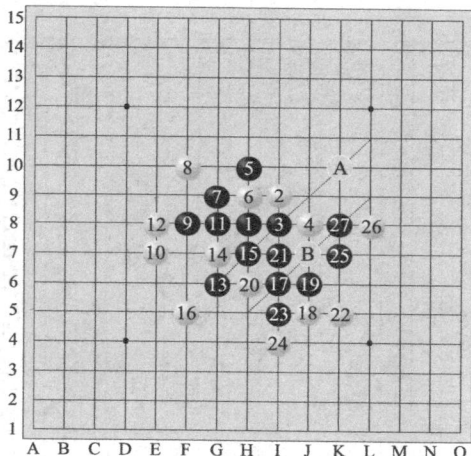

云月局布局分析

如果白 4 直在 G8 点防守，黑 5 与黑 1 和黑 3 连接，白 6 在 H6 点防守。黑 7 继续向右侧拓展空间，白 8 防守后，黑 9 接着活三进攻，向上拓展空间，白 10 在 K6 点防守，牵制黑棋向右拓展，如下图所示。

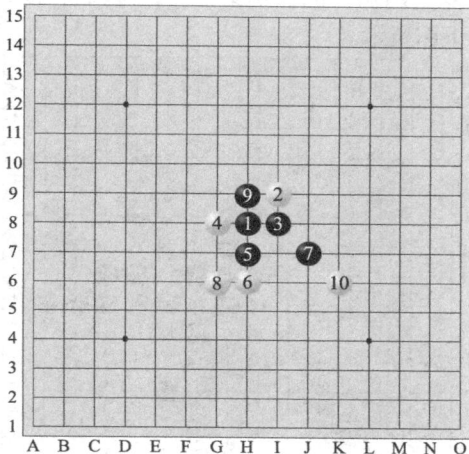

云月局布局分析

黑 11 做棋，继续向右侧拓展空间，白 12 开始反攻，黑 13 先冲四，然后再防守白棋的活三 4-12-8。白 16 继续进攻，向下拓展空间，黑 17 在 J4 点防守牵制。白 18 冲四进攻后，黑 19 通过活三 19-7-11 防守反击，如下图所示。

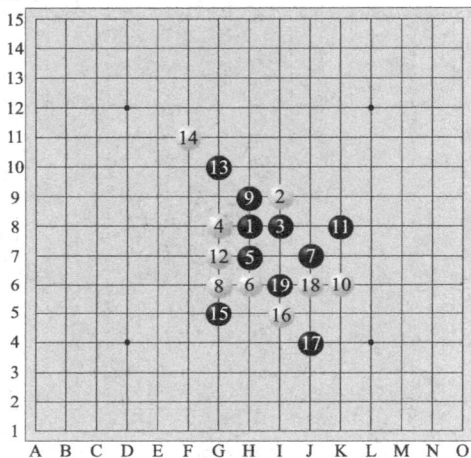

云月局布局分析

白 20 转攻为守，黑 21 在 K10 点做棋，白 22 在 H10 点防守后，黑 23 继续做棋，为后续进攻做准备。白 24 在黑棋的四三点防守后，黑棋连续通过冲四进攻，白棋只能被动防守，白 30 后，黑棋在 A 点即可冲四活三取胜，如下图所示。

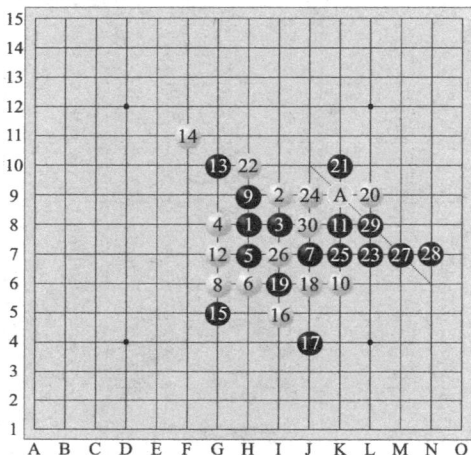

云月局布局分析

如果黑 5 在右侧防守，白 6 防守黑棋活二 3–5 的同时与白 4 连接。黑 7 和黑 9 继续向右侧拓展空间，白 10 在 I10 点防守，占领上方的有利位置，如下图所示。

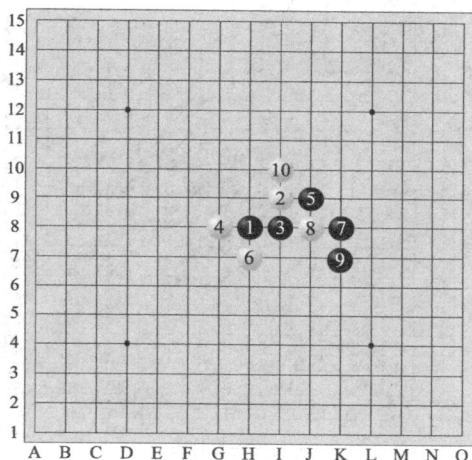

云月局布局分析

黑 11 继续做棋，白 12 在下方牵制黑棋向下拓展。黑 13 先通过活三 11–13–7 进攻，然后继续向下拓展，白 16 选择在 I7 点将黑棋断开。黑 17 先冲四进攻，然后黑 19 通过活三 17–15–19 进攻，白 20 抓住机会在左侧防守反攻，如下图所示。

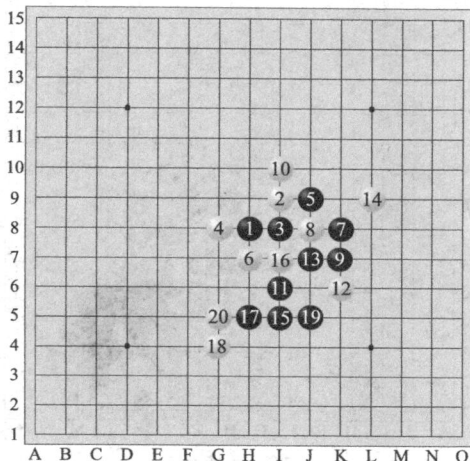

云月局布局分析

黑 21 被动防守后，白 22 继续在 F7 点通过活三 22-4-10 反攻，黑 23 防守后，白棋在 A 点即可四四取胜，如下图所示。

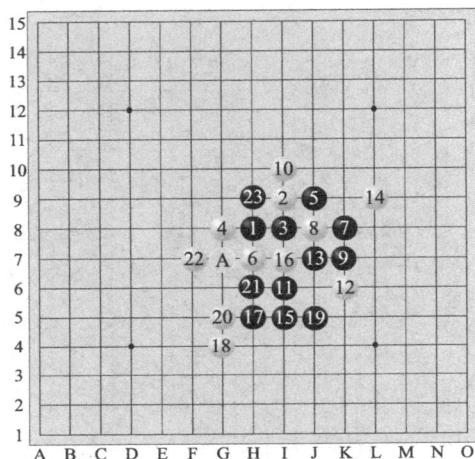

云月局布局分析

如果黑 17 不主动进攻，而是选择在 H6 点防守，黑棋可继续扩大优势取胜。白 18 贴身防守后，黑 19 在 G7 点以守为攻，然后连续冲四进攻。黑 25 通过活三 21-15-25 进攻，白 26 防守后，黑棋可在 A 点四三取胜，如下图所示。

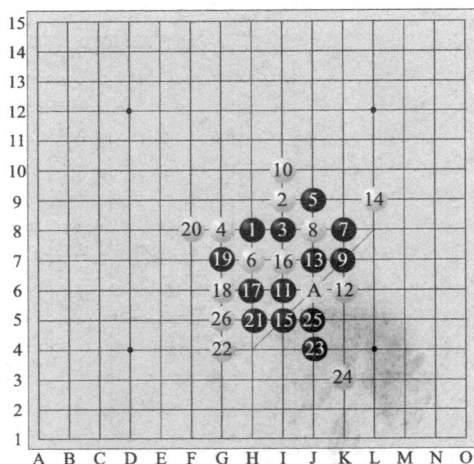

云月局布局分析